P9-EGB-951

Senderos fronterizos

Senderos fronterizos

Continuación de *Cajas de cartón*

Francisco Jiménez

Houghton Mifflin Company
Boston

A mi familia

English edition first published in 2001 by Houghton Mifflin Company.

www.houghtonmifflinbooks.com

The text of this book is set in 11-point Goudy.

Library of Congress Cataloging-in-Publication Data

Jiménez, Francisco, 1943–
Breaking through / Francisco Jiménez.
p. cm.
Sequel to: The circuit.
Summary: Having come from Mexico to California ten years ago,
fourteen-year-old Francisco is still working in the fields but fighting
to improve his life and complete his education.
ISBN 0-618-01173-0 (English hardcover)
ISBN 0-618-22617-6 (Spanish hardcover)
ISBN 0-618-22618-4 (Spanish paperback)
1. Mexican Americans—Juvenile literature. [1. Mexican Americans—
Biography. 2. Agricultural laborers—literature. 3. California—
literature.] I. Title.
PZ7.J57525 Br 2001   [Fic]—dc21   2001016941

Manufactured in the United States of America
VB 10 9 8 7 6 5 4

Reconocimientos

Quisiera agradecer a mi hermano, Roberto, y a mi madre, Joaquina, por proporcionarme una gran cantidad de historias personales, algunas de las cuales he incorporado en este libro. Un agradecimiento especial para mi familia inmediata —Laura, Pancho, Lori, Carlo Vicente, Miguel y Tomás— por escuchar pacientemente la lectura de varios borradores y por ofrecer útiles comentarios.

Quiero agradecer a la comunidad de mi infancia, cuyo coraje, tenacidad, fe y esperanza en medio de la adversidad han sido una inspiración constante para mí en mi vida personal y como escritor.

Guardo una gratitud permanente hacia mis profesores, cuyas orientaciones y cuya fe en mi capacidad me ayudaron a superar muchas barreras.

Gracias a muchos estudiantes, colegas, y amigos, especialmente a los padres Paul Locatelli y Stephen Privett, sacerdotes jesuitas; a Pete Facione, Don Dodson, Alma García, Susan Erickson y Alan Bern, por animarme a continuar escribiendo.

Estoy agradecido a la Universidad de Santa Clara por concederme el tiempo para escribir este libro y por valorar mi obra.

Finalmente, estoy muy agradecido a Pauline Nguyen y Rosa Hernández, por su asistencia en la preparación del manuscrito, y a mi editora Ann Rider, por sus valiosas sugerencias para mejorar el texto y por su amable estímulo para escribir con el corazón.

Índice

Hay en el fondo sólo un problema en el mundo...
¿Cómo logra uno abrirse sendero?
¿Cómo sale uno al espacio abierto?
¿Cómo rompe uno el capullo y se convierte en mariposa?

—Tomás Mann, *Doctor Fausto*

Senderos fronterizos

Expulsados

Yo viví con un miedo constante durante diez años largos desde que era un niño de cuatro años hasta que cumplí los catorce.

Todo empezó allá a finales de los años 40 cuando Papá, Mamá, mi hermano mayor, Roberto, y yo salimos de El Rancho Blanco, un pueblecito enclavado entre lomas secas y pelonas, muchas millas al norte de Guadalajara, Jalisco, México y nos dirigimos a California, con la esperanza de dejar atrás nuestra vida de pobreza. Recuerdo lo emocionado que yo estaba mientras me trasladaba en un tren de segunda clase que iba hacia el norte desde Guadalajara hacia Mexicali. Viajamos durante dos días y dos noches. Cuando llegamos a la frontera de México y los Estados Unidos, Papá nos dijo que teníamos que cruzar el cerco de alambre sin ser vistos por *la migra*, los funcionarios de inmigración vestidos de uniforme verde. Durante la noche cavamos un hoyo debajo del cerco de alambre y nos deslizamos como serpientes debajo de éste hasta llegar al otro lado. —Si alguien les pregunta dónde nacieron —dijo Papá firmemente—, díganles que en Colton, California. Si *la migra* los agarra, los echará de regreso a México—. Fuimos recogidos por una mujer a quien Papá había contactado en Mexicali. Él le pagó para que nos llevara en su carro a un campamento de carpas para trabajadores que estaba en las afueras de Guadalupe, un pueblito junto a la costa. A partir de ese día, durante los siguientes diez años, mientras nosotros viajábamos de un lugar a otro a través de California, siguiendo las cosechas y viviendo en campos para trabajadores migrantes, yo viví con el miedo de ser agarrado por la Patrulla Fronteriza.

A medida que yo crecía, aumentaba mi miedo de ser deportado. Yo no quería regresar a México porque me gustaba ir a la escuela, aun cuando era difícil para mí, especialmente la clase de inglés. Yo disfrutaba aprendiendo, y sabía que no había escuela en El Rancho Blanco. Cada año Roberto y yo perdíamos varios meses de clase para ayudar a Papá y a Mamá a trabajar en el campo. Luchábamos duramente para sobrevivir, especialmente durante el invierno, cuando el trabajo escaseaba. Las cosas empeoraron cuando Papá empezó a padecer de la espalda y tuvo problemas para pizcar las cosechas. Afortunadamente, en el invierno de 1957, Roberto encontró un trabajo permanente de medio tiempo como conserje en Main Street Elementary School en Santa María, California.

Nosotros nos establecimos en el Rancho Bonetti, donde habíamos vivido en barracas del ejército de modo intermitente durante los últimos años. El trabajo de mi hermano y el mío —desahijando lechuga y pizcando zanahorias después de clase y en los fines de semana— ayudaba a mantener a mi familia. Yo estaba emocionado porque nos habíamos establecido finalmente en un solo lugar. Ya no teníamos que mudarnos a Fresno al final de cada verano y perder las clases durante dos meses y medio para pizcar uvas y algodón y vivir en carpas o en viejos garajes.

Pero lo que yo más temía sucedió ese mismo año. Me encontraba en la clase de estudios sociales en el octavo grado en El Camino Junior High School en Santa María. Estaba preparándome para recitar el preámbulo a la Declaración de Independencia, que nuestra clase tenía que memorizar. Había trabajado duro para memorizarlo y me sentía con mucha confianza. Mientras esperaba que la clase empezara me senté en mi escritorio y recité en silencio una última vez:

Nosotros consideramos estas verdades evidentes:
que todos los hombres nacen iguales; que ellos
fueron dotados por su Creador con ciertos

*derechos inalienables, entre los cuales están la
vida, la libertad y la búsqueda de la felicidad . . .*

Yo estaba listo.

Después de que sonó la campana, la señorita Ehlis, mi maestra de inglés y de estudios sociales, empezó a pasar lista. Fue interrumpida por unos golpes en la puerta. Cuando la abrió, vi al director de la escuela y a un hombre detrás de él. Tan pronto vi el uniforme verde, me entró pánico. Yo temblaba y podía sentir mi corazón golpeando contra mi pecho como si quisiera escaparse también. Mis ojos se nublaron. La señorita Ehlis y el funcionario caminaron hacia mí. —Es él —dijo ella suavemente poniendo su mano derecha sobre mi hombro.

—¿Tú eres Francisco Jiménez? —preguntó él con firmeza. Su ronca voz resonó en mis oídos.

—Sí, —respondí, secándome las lágrimas y clavando mi vista en sus negras botas grandes y relucientes—. En ese momento yo deseé haber sido otro, alguien con un nombre diferente. Mi maestra tenía una mirada triste y adolorida. Yo salí de la clase, siguiendo al funcionario de inmigración, dirigiéndonos a su carro que llevaba un letrero en la puerta que decía BORDER PATROL. Me senté en el asiento de adelante y nos dirigimos por Broadway a Santa María High School para recoger a Roberto, quien estaba en su segundo año. Mientras los carros pasaban junto a nosotros, yo me deslicé hacia abajo en el asiento y mantuve mi cabeza agachada. El funcionario estacionó el carro frente a la escuela y me ordenó que lo esperara mientras él entraba al edificio de la administración.

Pocos minutos después, el funcionario regresó seguido de Roberto. La cara de mi hermano estaba blanca como un papel. El funcionario me dijo que me sentara en el asiento trasero junto con Roberto. —Nos agarraron, hermanito, —dijo Roberto, temblando y echándome el brazo sobre mi hombro.

—Sí, nos agarraron, —repetí yo. Yo nunca había visto a mi hermano tan triste. Enojado, yo agregué en un susurro: —Pero les tomó diez años—. Roberto me señaló al funcionario con un rápido movimiento de los ojos y puso el dedo índice en los labios indicándome que me callara. El funcionario giró a la derecha en Main Street y se dirigió al Rancho Bonetti, pasando por lugares familiares que yo pensé no volvería a ver nunca: Main Street Elementary School; *Kress*, la tienda de cinco y diez centavos; la estación de gasolina Texaco donde conseguíamos nuestra agua para beber. Yo me preguntaba si mis amigos en El Camino Junior High School me echarían tanto de menos como yo los echaría de menos a ellos.

—¿Saben quién los denunció? —preguntó el funcionario, interrumpiendo mis pensamientos.

—No, —contestó Roberto.

—Fue uno de su propia raza, —dijo riéndose.

Yo no lograba imaginarme quién podría haber sido.

Nosotros nunca le dijimos a nadie que estábamos aquí ilegalmente, ni siquiera a nuestros mejores amigos. Miré a Roberto, esperando que él supiera la respuesta. Mi hermano se encogió de hombros.

—Pregúntale a él quién fue, —le susurré.

—No, pregúntaselo tú —respondió él.

El funcionario, que llevaba anteojos grandes color verde oscuro, debió habernos oído, porque nos lanzó una mirada por el espejo retrovisor y dijo: —Lo siento, pero no puedo decirles su nombre.

Cuando llegamos al Rancho Bonetti, la camioneta de una patrulla fronteriza se encontraba estacionada frente a nuestra casa, que era una de las ruinosas barracas del ejército que Bonetti, el dueño del rancho, compró después de la Segunda Guerra Mundial y se las rentaba a los trabajadores agrícolas. Toda mi familia estaba afuera, parada junto al carro de la patrulla. Mamá sollozaba y acariciaba a Rubén, el menor de mis hermanos y a Rorra, mi hermanita. Ellos se abrazaban a las piernas de Mamá como dos niños que acaban de ser encontrados después de haber estado perdidos. Papá estaba de pie entre mis dos hermanitos menores, Trampita y Torito. Ambos lloraban en silencio mientras Papá se apoyaba en los hombros de los dos, tratando de aliviar su dolor de espalda. Roberto y yo bajamos del carro y nos unimos a ellos. Los funcionarios de inmigración, que sobresalían entre todos por su altura, registraron el rancho en busca de otros indocumentados, pero no encontraron a ninguno.

Nos metieron en la camioneta de la Patrulla Fronteriza y nos llevaron a San Luis Obispo, donde estaba la sede de inmigración. Ahí nos hicieron interminables preguntas y nos dieron a firmar unos papeles. Ya que Papá no sabía inglés y Mamá solo entendía un poco, Roberto y yo les servimos de intérpretes. Papá les mostró su tarjeta verde que Ito, el aparcero japonés para quien pizcábamos fresas, le había ayudado a conseguir años antes. Mamá mostró los certificados de nacimiento de Trampita, Torito, Rorra y Rubén, quienes nacieron en los Estados Unidos. Mamá, Roberto y yo no teníamos documentos; nosotros éramos los únicos que forzosamente teníamos que salir. Mamá y Papá no querían separar a la familia. Ellos le rogaron al funcionario de inmigración que estaba a cargo que nos permitiera permanecer unos cuantos días más, hasta que pudiéramos salir todos juntos del país. El funcionario aceptó finalmente y nos dijo que podíamos salir voluntariamente. Él nos dio tres días para que nos presentáramos en la oficina de inmigración estadounidense fronteriza de Nogales, Arizona.

A la mañana siguiente, mientras nos preparábamos para nuestro viaje de regreso a México, salí de la casa y vi que el camión escolar recogía a los muchachos que vivían en el rancho. A medida que el vehículo se alejaba, sentí un vacío dentro de mí y un dolor en el pecho. Entonces entré de nuevo para ayudar a empacar. Papá y Mamá estaban sentados junto a la mesa de la cocina rodeados por mis hermanos y mi hermanita, quienes escuchaban tranquilamente mientras mis padres planeaban nuestro viaje. Papá sacó la caja metálica en que guardaba nuestros ahorros y los contó. —No tenemos mucho, pero tendremos que vivir al otro lado de la frontera con lo poco que tenemos. Quizás nos dure hasta que arreglemos nuestros papeles y regresemos legalmente, —dijo él.

—¡Y con la ayuda de Dios lo haremos! —dijo mamá. De eso no hay duda. Yo estaba feliz de oír a Papá y a Mamá decir eso. Me encantaba la idea de volver a Santa María, asistir a la escuela y no tenerle ya miedo a la *migra*. Sabía que Roberto sentía lo mismo. Él mostraba una sonrisa y los ojos le brillaban.

Papá y Mamá decidieron cruzar la frontera en Nogales porque ellos habían oído decir que la oficina de inmigración ahí no era tan frecuentada como la de Tijuana o Mexicali. Nosotros empacamos algunas pertenencias, guardamos el resto en nuestra barraca y dejamos nuestra vieja Carcachita cerrada con llave y estacionada al frente. Joe y Espy, nuestros vecinos de la casa de al lado, nos llevaron en su carro a la estación camionera de la *Greyhound*, situada en North Broadway, en Santa María. Compramos nuestros boletos a Nogales y abordamos el camión. Papá y Rorra se sentaron al lado de Roberto y yo, pero al otro lado del pasillo. Torito y Trampita se sentaron delante de nosotros. Roberto cerró los ojos y reclinó hacia atrás la cabeza. Las lágrimas rodaron por sus mejillas. Frunció el labio inferior y empuñó las manos. Puse mi brazo izquierdo sobre su hombro y me asomé por la ventana. El cielo gris amenazaba con lluvia. Un muchachito de aproximadamente mi misma edad dijo adiós con la mano a una pareja sentada detrás de nosotros. Él me recordó a Miguelito, mi mejor amigo en el tercer grado en Corcorán. Yo lo eché de menos por mucho tiempo después de que él y su familia se mudaron del campamento de trabajadores donde vivíamos.

Abandonamos el Valle de Santa María, pasando por acres y acres de tierra sembrados de fresas, alcachofas y alfalfa. Atravesamos pueblitos y ciudades de las que nunca había oído hablar. Una vez que entramos en Arizona, los campos verdes y las ondulantes colinas cedieron el paso a llanuras desérticas y montañas escabrosas. Yo gocé viendo a las liebres saltar súbitamente de su escondite bajo los arbustos del desierto, aterrizar cerca de nuestro camión, que corría aceleradamente, y brincar de nuevo hacia los arbustos. Trampita y Torito inventaron un juego para ver quién detectaba más conejos, pero Papá tuvo que detenerlos porque ellos empezaron a pelearse. Torito acusó a Trampita de ver doble, y Trampita alegó que Torito no sabía contar.

Pasamos junto a casas de adobe sin céspedes delanteros y calles sin pavimentar. Papá dijo que le recordaban ciertos lugares de México. Conforme nos acercábamos a la base de las montañas, vimos centenares de cactos. —Mira, viejo, —dijo Mamá, señalando a través de la ventana—. Esos nopales parecen unos pobres que estiran los brazos para rezar.

—Parecen más bien hombres que se están rindiendo —dijo Papá.

—¿Y qué me dices de esos dos?

—¿Cuáles? —le preguntó Papá—. ¿Los dos que están trenzados uno con el otro? Parecen dos personas asustadas.

—No, viejo —replicó ella—. Parecen dos personas que se están abrazando. Mamá continuó señalando otros cactos a Papá hasta que él se aburrió y se negó a seguir respondiendo.

Nos detuvimos en Tucson y continuamos hasta Nogales. Las montañas distantes bordeaban la carretera a ambos lados en gran parte del trayecto. Se elevaban al cielo varios miles de pies, semejando orugas gigantes alzándose a gatas del suelo. Esa noche llovió a cántaros. Las gotas de lluvia caían con fuerza sobre la ventana, haciendo difícil conciliar el sueño.

Después de viajar por cerca de veinte horas, llegamos por la mañana, agotados, a la estación camionera de Nogales, Arizona. Recogimos nuestras pertenencias y nos dirigimos a la oficina de inmigración y aduana, donde nos reportamos. Habíamos llegado antes de la fecha límite. Fuimos entonces escoltados a pie para cruzar la frontera hacia el lado mexicano de Nogales. Las ciudades gemelas estaban separadas por una alta cerca de malla. Pastizales, mezquite, arbustos bajos dispersos y suelo rocoso desnudo rodeaban ambos lados de la frontera. El cielo estaba despejado y las calles se encontraban muy áridas. Caminamos paralelamente a la cerca por las calles sin asfaltar, buscando un lugar donde hospedarnos. Nos encontramos con niños descalzos, vestidos de harapos, que escarbaban en los botes de basura. Yo sentí un nudo en la garganta. Me recordaron el tiempo en que vivíamos en Corcorán e íbamos al pueblo por la noche a buscar comida entre la basura detrás de las tiendas de comestibles.

Finalmente encontramos un motel barato y ruinoso en la Calle Campillo, a unas cuantas cuadras de la frontera. Mientras Papá y Mamá se registraban, inspeccioné la pequeña oficina. A través de la ventana sucia, pude ver parte del puente que unía los dos Nogales y el cerco de malla que separaba a las dos ciudades. En la esquina del mostrador amarillo oscuro, que me llegaba hasta la barbilla, había un rimero de folletos descoloridos del motel que estaban sujetos en su lugar por tres piedritas. El color y la forma de las piedras me fascinaban. Parecían pepitas de oro. Tomé una de ellas para examinarla de cerca, pero Mamá me dio una palmada en la mano y me dijo que la devolviera a su lugar. Cuando nadie estaba mirando, agarré una y me la metí en el bolsillo.

El cuarto del hotel era pequeño, como las cabañas en

que vivíamos en los campamentos para trabajadores del algodón. Quitamos de la cama el hundido colchón y lo pusimos en el gastado piso amarillo de linóleo para que Papá y Mamá pudieran dormir en él. El resto de nosotros se acostó encima del armazón de resortes. Esa noche me sentía inquieto y me tomó mucho tiempo dormirme. Pensaba en lo que había hecho. A la mañana siguiente, salí del motel, llevando la piedrita en el puño y preguntándome qué debería hacer. Pensé arrojarla debajo del puente, pero me sentía culpable y asustado. Regresé a la oficina y, fingiendo que iba a tomar un folleto, la puse de nuevo en su sitio.

Todos los días, después que Mamá compraba a los vendedores callejeros los alimentos para nuestra comida, ella y Papá iban a la oficina de inmigración a averiguar sobre nuestra solicitud de visas. Cada vez que iban les pedían más información. Papá envió un telegrama a Fito, mi primo en Guadalajara, pidiéndole que consiguiera nuestros certificados de nacimiento y que nos los enviara por correo. Cuatro días después de que llegaron, se nos citó para una evaluación médica. Se nos extendió un pase por un día para cruzar la frontera estadounidense y someternos a una evaluación en el Hospital Saint Joseph, el cual estaba situado a pocas cuadras de la oficina de aduanas. Nos registramos en la recepción y nos sentamos en la sala de espera hasta que nos llamaran. Las paredes del cuarto eran color verde claro y los pisos blancos y limpiecitos, igual que los uniformes de las enfermeras y los médicos. La recepcionista salió y nos entregó un formulario de Evaluación Médica para Aplicantes de Visa del Servicio Exterior de los Estados Unidos. Roberto le ayudó a Mamá a leer la larga lista de enfermedades contenidas en el formulario y a marcar sí o no las padecía o había padecido.

Después de esperar durante varias horas, fuimos llamados al fin por una enfermera, que recogió los formularios. Me pidieron pasar primero. Ella me llevó a un cuartito y entregó mis papeles al médico, que les echó un vistazo y me pidió que me quitara la ropa, menos mis calzoncillos. Miré a la enfermera, sintiendo que mi cara ardía. —No tiene piojos, está limpio, —dijo ella, después de pasarme un peine fino por el pelo. El médico confirmó la lista de enfermedades que yo había marcado antes en el formulario.

—¿Amebiasis, gonorrea, sífilis, tracoma?

—No —le respondí.

—¿Tuberculosis?

Me acordé del bracero que todo el mundo pensaba que tenía tuberculosis. Él pizcó fresas un verano con nosotros cuando trabajábamos para Ito. Pensábamos que tenía tuberculosis porque era flaco como una lombriz y con frecuencia tosía sangre. Lo llamábamos *El Tuberculosis*. Un día se agravó tanto en el trabajo que Ito lo llevó de regreso al campamento de braceros. Ésa fue la última vez que lo vi.

—¿Tuberculosis? —repitió el médico impaciente.

—No.

—¿Tiña? —preguntó, haciendo girar mi cuerpo para revisar mi espalda.

—La tuve, pero hace muchos años —le dije.

Cuando yo estaba en tercer grado, noté que tenía dos manchas rojas aproximadamente del tamaño de una moneda de veinticinco centavos, una al lado derecho de mi estómago y la otra en la parte trasera del cráneo. Se las mostré a Mamá y le dije que me daban comezón. "El diablo te hizo esas señas. Por eso es que están rojas", dijo ella, sin parpadear. Cuando ella vio que yo estaba a punto de llorar, me abrazó y dijo: "Estaba bromeando, Panchito, es roña. Yo me encargaré de ella". Ella frotó las manchas rojas con ajo todos los días y al cabo de dos semanas desaparecieron. El fuerte olor no sólo acabó con la roña, sino que también mantenía alejados a mis compañeros de clase. Siempre que yo me les acercaba ellos gritaban: "¡Hiedes como un mexicano!" y se alejaban de mí a toda prisa, tapándose la nariz.

—Tu espalda se ve bien —dijo el médico. Yo sentía una comezón en el cráneo, pero no me atreví a rascarme. —¿Y qué hay de las afecciones mentales: debilidad mental, locura, personalidad psicópata, epilepsia, adicción a drogas narcóticas, alcoholismo crónico?

—No —dije yo, ignorando lo que significaban aquellas palabras.

—¿Y qué hay de defectos físicos?

—Ninguno—. Pensé que él no me creyó, porque me hizo estirar los brazos y caminar de un lado del cuarto al otro. Él me hizo sentar entonces en una mesa de evaluación, y golpeó mis rodillas con un mazo de goma de cabeza chata. Mi rodilla se sacudió tan fuerte que casi lo pateo en la barbilla. La enfermera revisó entonces mi peso y altura.

—Cien libras y cuatro pies once pulgadas. Eres un poco pequeño para tu edad —declaró ella.

No era la primera vez que me decían eso. Mis compañeros de clase en El Camino Junior High School, donde yo era el chico más pequeño, me lo recordaban cada vez que escogían equipos para jugar al básquetbol durante el recreo.

—Puedes vestirte ahora —dijo ella—. Hemos terminado.

Roberto pasó después. Cuando salió su cara estaba roja como un betabel. Parecía como si hubiera participado en una pelea. Su pelo estaba revuelto y llevaba la camisa desfajada. Él y yo comparamos nuestra experiencia y nos reímos nerviosamente cuando llegamos a la parte en que nos desnudaron frente a la enfermera. —¡Qué vergüenza! —dijo él. El chequeo de Mamá tomó mucho más tiempo que el de Roberto o el mío. Ella no dijo una palabra al respecto y Roberto y yo no se lo preguntamos.

Después de esperar varios días se nos notificó que nuestra solicitud de una visa de inmigrantes había sido aprobada. Papá, Mamá, Roberto y yo nos pusimos locos de contentos cuando recibimos la noticia. No podíamos dejar de sonreír. Mis hermanitos no entendían lo que significaba todo aquello, pero ellos brincaban arriba y abajo sobre el manchado colchón como chapulines. —Esto merece una comida especial —dijo Mamá. Esa noche ella salió y compró enchiladas, arroz y frijoles.

Después de la cena, Papá se acostó en la cama para descansar su espalda. —He estado pensando acerca de dónde iremos al salir de aquí, —dijo él, encendiendo un cigarrillo. "De vuelta a Santa María, por supuesto, ¿Adónde más?" pensaba yo. Papá se mordió el labio inferior y continuó: —Estábamos en la estación lluviosa. Hay poco trabajo en los campos durante este tiempo, y mi espalda está empeorando. Él hizo una pausa. Dio una chupada a su cigarrillo y siguió. —La única cosa segura es el trabajo de Roberto como conserje. ¿Qué tal si él regresa a Santa María y el resto de nosotros se va a Guadalajara y se queda con mi hermana Chana? Eso me dará la oportunidad de buscar a una curandera que me vea la espalda. En la primavera, cuando esté curado, podemos regresar a Santa María y yo puedo trabajar de nuevo en el campo. El alma se me vino al suelo. Yo no quería perder más clases. Quería decirle a Papá que no me gustaba la idea, pero no dije nada. Papá nunca nos permitía que discrepáramos de él. Me decía que eso era una falta de respeto.

—¿Qué tal si Panchito se regresa con Roberto? —dijo Mamá—. De ese modo podría ayudarle en el trabajo y los dos podrían asistir a la escuela. Yo sabía que Mamá me había leído la mente. Ella me guiñó el ojo cuando me vio sonreír.

—Eres un hombre hecho y derecho, un verdadero macho —dijo Papá, dirigiendo su atención a mi hermano—. Tú puedes encargarte de cuidar a Panchito, ¿verdad, mijo? Mi hermano sonrió y asintió con la cabeza.

La idea de estar separado de Papá, Mamá y mis hermanitos me entristecía, pero la idea de perder las clases y no estar con Roberto me dolía todavía más.

—Yo regresaré con él, pero los echaré de menos —dije, conteniendo las lágrimas.

—Nosotros también te extrañaremos, —dijo Mamá, secándose los ojos.

—Les enviaré dinero todos los meses cuando me paguen —dijo Roberto, orgullosamente.

—Eres un buen hijo —dijo Papá, indicando a Roberto que se sentara a su lado sobre la cama.

—Todos ustedes son una bendición —agregó Mamá, sonriéndonos a Roberto y a mí y abrazando a Rorra, Torito y Trampita.

Decidimos salir del hotel esa tarde para evitar pagar otra noche. Fui con Mamá a la oficina para pagar la cuenta. Quería mirar las piedritas una vez más. El empleado se fijó en mi interés y dijo:

—Esas son piedras de pirita de cobre.

—Parecen ser de oro —respondí.

—Son lo que llaman en inglés *"fool's gold"*. Él cogió la piedrita que yo había tomado antes y me la entregó.
—Toma, puedes llevarte ésta. Te traerá buena suerte.

Miré a Mamá. Ella sonrió y asintió. —Gracias —dije, tomando la piedrita y metiéndola en mi bolsillo. "Me alegro de haberla devuelto y no haberla arrojado", pensé.

Terminamos de empacar y nos dirigimos a la estación camionera a pie. Estaba empezando a llover, y tuvimos que apurarnos. Roberto, Papá, Trampita y yo llevábamos las cajas de cartón. Mamá sostenía a Rorra de la mano. Torito y Rubén corrían detrás de nosotros, tratando de no quedarse atrás. —¡No tan rápido! —gritaban. ¡Espérennos! Unos guardias armados nos detuvieron en el portón fronterizo y nos pidieron nuestra documentación. Sus uniformes verdes me hacían temblar. Papá les mostró nuestros papeles, y ellos nos dejaron cruzar hacia Nogales, Arizona.

Cuando llegamos a la estación de camiones estábamos empapados. Mamá se acercó al mostrador y compró dos boletos de ida a Santa María para Roberto y para mí y cinco boletos a Guadalajara para el resto de la familia. Fuimos a los excusados y nos secamos con toallas de papel; luego nos sentamos en silencio a esperar el camión. Torito y Trampita estaban inquietos. Ellos saltaron de la banca, corrieron a la máquina de *pinball* y se empujaron mutuamente, tratando de jalar el mango. Papá hizo un agudo sonido sibilante, como el de una cascabel, para llamarles la atención. Él hacía ese ruido siempre que le molestaba algo que estuviéramos haciendo. Ellos no lo oyeron, así que él silbó más alto, pero los altavoces anunciando las salidas y llegadas ahogaron su silbido. Con un ligero movimiento de cabeza señalando la máquina de *pinball*, Papá me indicó que trajera a Trampita y Torito. Papá les dirigió una mirada severa y les dijo que se sentaran y se estuvieran quietos. Yo me senté entre Torito y Trampita y les eché los brazos al cuello. Me sentía triste, pensando en lo mucho que iba a extrañarlos.

Miré el reloj de la pared y salí a tomar aire fresco. Llovía a cántaros. Mirando el cielo oscuro, deseé que todos nosotros estuviéramos regresando juntos a Santa María. Oí un anuncio por el altavoz, pero no le presté atención.

—Nuestro camión está aquí, Panchito, —dijo Roberto—, y él con el resto de la familia se me acercaron desde atrás. Roberto y yo abrazamos a Papá y a Mamá y besamos a nuestros hermanitos.

—Que Dios los bendiga, —dijo Mamá. Sus ojos se llenaron de lágrimas, mientras intentaba una sonrisa forzada. Roberto y yo subimos al camión. Ocupamos nuestro asiento, limpiamos los vidrios empañados y saludamos con la mano. La lluvia golpeteaba fuertemente sobre el camión mientras éste se alejaba.

Al otro lado del pasillo un niñito jugaba a andar a caballo sobre el regazo de su papá. Saltaba arriba y abajo y les palmoteaba repetidamente las piernas gritando "¡Más rápido! ¡Más rápido!" Aparté la vista, cerré los ojos y me apoyé sobre el hombro de Roberto. Lloré en silencio hasta que me quedé dormido.

Cuando desperté, la lluvia había pasado. Un fuerte viento levantaba polvo, desechos y grava, obligando al camión a avanzar a paso de tortuga. Una vez que el viento se aplacó, el camión llegó a una estación de descanso cerca de una vieja gasolinera y una tiendita de comestibles. Roberto y yo bajamos a estirar las piernas. Al lado de la estación había una tarima abierta improvisada, que estaba sostenida por cuatro postes. Colgada de uno de los postes de la derecha había una caja de madera dentro de la cual estaba un crucifijo de madera. Roberto y yo nos persignamos e inclinamos la cabeza. Yo oré en silencio para que mi familia llegara a salvo a Guadalajara. Subimos otra vez al camión y continuamos nuestro viaje.

Finalmente llegamos a Santa María al anochecer del siguiente día. Tomamos un taxi hacia el Rancho Bonetti, donde fuimos recibidos por un torrencial aguacero y por una manada de perros flacos sin dueño. El taxi iba lentamente, traqueteando sobre el terreno disparejo y ladeándose a derecha o izquierda cuando se metía en los baches llenos de agua. Parecía que estábamos en el mar en medio de una tormenta.

Nuestra barraca estaba fría y sin vida. Pusimos nuestras cajas en el suelo y encendimos la luz de la cocina.

—Bueno, aquí estamos, Panchito, —dijo Roberto triste-

mente—. Cuando vio que yo estaba a punto de llorar añadió: —El tiempo se irá volando, ya lo verás.

—No tan rápido como yo quisiera —le dije. Desempa-
camos nuestras cajas y nos acostamos. Ninguno de los dos
durmió bien esa noche.

Solos en casa

A la mañana siguiente, Roberto y yo nos despertamos con el destemplado sonido del reloj despertador. Yo lo apagué, y me quedé escuchando el silencio de la madrugada. Los sonidos de la tos de Papá y el ruido de su frasco de aspirinas estaban ausentes. También estaba ausente el sonido que hacía, al rodar, el tubo de hierro de doce pulgadas con el que Mamá hacía tortillas, y asimismo los olores del chorizo y de los huevos revueltos. Me hacían falta las palmaditas en el hombro y los tirones a la cobija con los cuales ella solía despertarme. En la distancia oí el ladrido de los perros. Cada mañana ellos rodeaban los grandes barriles vacíos de aceite que servían como botes para la basura. Mientras me vestía, oía a los trabajadores agrícolas calentando los motores de sus carros antes de salir a buscar trabajo pizcando zanahorias o desahijando lechuga.

Lo que no eché de menos esa mañana fue vaciar el bacín, lo cual había sido una de mis tareas habituales. Papá, Mamá, y mis hermanitos lo usaban, pero Roberto y yo no. Me disgustaba sacar todas las mañanas la lata de café Folgers para vaciarla en el excusado antes de ir a la escuela. Me avergonzaba que me vieran los vecinos, y especialmente las muchachas. Todos los días trataba de convencer a Mamá de que le diera esa tarea a uno de mis hermanos menores, a Trampita o a Torito, pero ella se negaba. Llevando el bacín detrás de mí, yo sacaba la cabeza por la puerta de enfrente para asegurarme de que no hubiera nadie afuera que me pudiera ver. Luego corría hacia el excusado, llevando el bacín firme y tratando de espantar a la manada de perros hambrientos que me seguía. Don Pancho, uno de nuestros vecinos, sabía cuánto me desagradaba vaciar el bacín y se burlaba de mí siempre que me lo encontraba. Una mañana me lo topé saliendo del excusado cuando yo llevaba la lata de café *Folgers*. —¿Qué llevas ahí, Panchito? —me preguntó, con una sonrisa burlesca.

—Su café y su pan dulce, —le repliqué enojado. Él se sintió tan sorprendido como yo mismo. Se lo dijo a Papá, quien me regañó por ser irrespetuoso. Pero Don Pancho nunca se volvió a burlar de mí.

Solos en la barraca, Roberto y yo nos ocupábamos de las tareas ordinarias. Hacíamos nuestra cama, barríamos, trapeábamos el piso y preparábamos el desayuno. Mi hermano lavaba los platos y yo los secaba y los ponía en su lugar. Salíamos de la casa dejándola reluciente de limpia, como lo hacíamos cada mañana antes de irnos a la escuela.

Roberto me dejó en El Camino Junior High School y siguió su ruta rumbo a su escuela. Yo estaba emocionado de regresar a la escuela, pero me sentía nervioso. ¿Qué tan atrasado me encontraría en las clases? ¿Qué me dirían mis maestros y mis compañeros de clase? Mis maestros, el señor Milo y la señorita Ehlis, deben haber sabido cómo me sentía, porque no me hicieron preguntas. Parecían estar contentos de verme de regreso. Mis compañeros de clase se comportaron como si yo nunca me hubiera ido. Supuse que mis maestros les habrían dicho algo al respecto, o bien a ellos sencillamente se les olvidó. Me sentía afortunado, pero inquieto, esperando que alguno de ellos me preguntara o que dijera algo en cualquier momento. Nadie preguntó nada, pero en caso de que lo hubieran hecho, yo tenía preparada una respuesta. Les diría que el funcionario de la patrulla fronteriza se había equivocado al creer que yo estaba aquí ilegalmente, y que al demostrarle que yo había nacido en Colton, California, él me dejó regresar.

Roberto se atrasó en recogerme a la salida de la escuela esa tarde. Supe que algo andaba mal en el momento que lo vi. Él se veía preocupado.

—Perdí mi trabajo en Main Street Elementary School, —dijo con ojos llorosos.

—¿Qué quieres decir?

—El señor Sims se enojó conmigo porque me ausenté tantas semanas del trabajo. Dijo que él no sabía dónde estaba yo, así que contrató a otra persona.

—¿No le dijiste lo que pasó?

—¡Claro que no! —respondió—. No podría decírselo. Cuando me dieron el trabajo, les dije que yo era ciudadano americano. Él apoyó la cabeza en el volante, asiéndolo con ambas manos. Sus nudillos se pusieron blancos.

—Eso significa que tenemos que regresar al campo. El alma se me vino a los pies.

—¡Otra vez! —exclamé, apretando los dientes. Sentía los hombros más pesados que nunca.

Durante las dos semanas siguientes, Roberto y yo trabajamos pizcando zanahorias y desahijando lechuga después de clases y los fines de semana siempre que no lloviera. Desahijábamos la lechuga usando un azadón cortito. Cuando la espalda nos dolía de tanto agacharnos, trabajábamos de rodillas. Para aliviar el dolor, nos turnábamos acostándonos boca abajo sobre los surcos y presionándonos la espalda el uno al otro con las manos. Trabajando juntos todo el día, sábado y domingo, Roberto y yo lográbamos terminar un acre, por lo cual nos pagaban dieciséis dólares.

Pizcar zanahorias era más fácil que desahijar lechuga, aunque mucho más engorroso. El suelo generalmente estaba lodoso, y el pantalón y los zapatos se nos enlodaban. Trabajábamos de rodillas, arrancando las zanahorias del suelo, después de que las había aflojado el arado de un tractor. Les quitábamos las hojas con la mano a las zanahorias y las echábamos en un balde hasta que se llenaba. Luego vaciábamos el balde en un saco de arpillera. Nos pagaban quince centavos por cada saco.

Durante ese tiempo nunca incluimos zanahorias ni lechugas en nuestra comida. Como ninguno de nosotros sabía cocinar, reemplazabamos los deliciosos taquitos de Mamá por sándwiches de boloña. El abrelatas se convirtió en nuestro mejor amigo a la hora de cenar. Casi todos los días comíamos raviolis enlatados ya sea con chícharos o con maíz enlatados. Otras veces comíamos sopa de pollo con fideos. De postre comíamos un sándwich de crema de cacahuate con mermelada o helado de vainilla. En el desayuno comíamos huevos revueltos o crema de trigo con azúcar y mantequilla.

Roberto dejó de comer sándwiches de boloña cuando consiguió un empleo de tiempo parcial trabajando a mediodía en *Velva's Freeze*, un establecimiento de hamburguesas y helados ubicado en Broadway, a unas pocas cuadras de la escuela secundaria. Durante la hora del almuerzo en los días de clase, él se iba caminando a *Velva's Freeze* y ayudaba a despachar los conos de helado. Le pagaban un dólar la hora y se comía una hamburguesa con papas fritas y una Coca Cola todos los días.

Mary O'Neill, la dueña de *Velva's Freeze*, era una viuda sin hijos que se acercaba a los sesenta años. Era baja y delgada. Su pálida piel arrugada hacía juego con sus cortos cabellos grises. Sus ojos azul oscuro resplandecían cuando ella hablaba. Todo lo que se ponía era blanco, incluyendo los zapatos. Los únicos otros colores que se destacaban en ella eran las manchas de mostaza y de salsa de tomate en su delantal. A ella le agradaba mi hermano, y cuando supo que él y yo vivíamos solos nos invitó a cenar un sábado. Debíamos encontrarnos con ella a las cinco y media en la heladería.

Ese sábado por la tarde Roberto y yo dejamos de pizcar zanahorias a las cuatro en punto y nos fuimos a la casa a prepararnos. Estábamos emocionados y un poquito inquietos por ser la primera vez que íbamos a comer en un restaurante. Yo procuraba imaginarme cómo sería eso. Calentamos agua en una olla grande y la vaciamos en una bañera grande de aluminio. Tomamos nuestro baño en el tejabán que estaba anexo al lado de nuestra barraca. Papá lo construyó con madera descartada recogida en el basurero de la ciudad. Tuvimos que usar detergente Fab de lavandería para lavarnos el pelo porque el jabón y el champú eran demasiado suaves para cortar el azufre y el aceite que había en el agua. Nos pusimos nuestras mejores ropas y logramos llegar a tiempo a *Velva's Freeze*.

—Estoy muy contenta de que hayan venido —dijo Mary—. ¿Han estado alguna vez en el *Far Western* en Guadalupe?

—Hemos estado en Guadalupe, pero no en el *Far Western*, —respondió Roberto.

—¡Muy bien! Iremos ahí —dijo ella con entusiasmo—. Ese lugar es famoso por sus bistés.

Una cena de bistés me parecía mucho más atractiva que los raviolis enlatados. El restaurante *Far Western* estaba a unas nueve millas del centro de Santa María. Estaba débilmente alumbrado y tenía mesas y sillas de madera de color castaño oscuro que eran gruesas y pesadas. En el centro de una de las paredes, decorada con artesanado de madera oscura, estaba puesta la cabeza disecada de un alce con largos cuernos. Procedentes de otro salón, oí unas voces roncas y el entrechocar de vasos. —Es el bar, —dijo Mary fijándose en mi deseo de ver qué cosa era—. Tú no puedes ir ahí; eres demasiado pequeño. Ella se rió y luego encendió un cigarrillo. El mesero, vestido como un vaquero, nos trajo el menú. Yo le eché una ojeada, fijándome en los altos precios y en una larga lista de bistecs de diferente clase. Yo siempre había pensado que bistec era bistec.

—¿Qué clase de bistec quieren ustedes? —preguntó Mary, apartando su menú. Roberto tenía una mirada inexpresiva. Ella esperó la respuesta. En ese momento su paciencia me pareció detestable. Yo pensaba que a ella le correspondía decírnoslo. En la casa no nos daban esas opciones; siempre comíamos lo que Mamá cocinaba.

Rompiendo el largo silencio, finalmente dije: —Yo voy a pedir lo mismo que pida usted.

—Yo pediré un bistec Nueva York, —respondió ella.

—Yo también —dije rápidamente.

—Bueno. ¿Y tú que dices, Roberto?

La cara de mi hermano se puso roja. Él me miró de reojo, se puso el menú contra la cara y dijo: —Yo pediré lo mismo.

—¿Y para beber?

—Sólo agua, por favor —respondió Roberto.

—Yo también —dije.

—Bueno, yo me voy a tomar un vaso de vino tinto. Liga bien con el bistec —dijo ella. Yo no entendía por qué el vino tinto y el bistec ligaban uno con otro. Entonces noté que Mary puso una mano en su regazo y la otra sobre la mesa. Papá y Mamá nos enseñaron que debíamos tener siempre las manos sobre la mesa. Roberto debío haber notado eso también, porque cambiaba de idea a cada momento. Un minuto ponía ambas manos sobre la mesa y al siguiente minuto sólo una. Finalmente se decidió por una, igual que Mary. Yo supuse que eso era lo correcto, así que hice lo mismo. La siguiente cosa que observé es que la servilleta de Mary había desaparecido. La servilleta de Roberto y la mía estaban aún sobre la mesa. En casa nosotros no usábamos servilletas. Después de tomar un sorbo de vino, Mary levantó su servilleta y se limpió las comisuras de los labios, y luego su servilleta desapareció otra vez debajo de la mesa. Pensé que se le había caído. Yo fingí dejar caer la mía. Al agacharme a recogerla vi que Mary tenía su servilleta en el regazo.

Me puse la mía en el regazo y le di al mismo tiempo un puntapié a Roberto bajo la mesa, para que se fijara. Él captó mi señal y se puso también la servilleta en el regazo. Durante el resto de la comida, Roberto y yo hicimos exactamente lo mismo que Mary. Me figuré que ella debió haberlo notado porque lo hacía todo muy despacio, dándonos tiempo a que la imitáramos. Roberto y yo no disfrutamos nuestra comida, pero pasamos un buen rato en la compañía de Mary.

Roberto y yo continuamos yendo a la escuela y trabajando en el campo después de clase y en los fines de semana. Nos hacía falta nuestra familia y nos preocupábamos por no poder mandarles dinero para ayudarles. Apenas lográbamos conseguir lo suficiente para nuestro propio mantenimiento. Pero las cosas estaban a punto de cambiar.

Un día, después de clase, Roberto llegó a recogerme a El Camino Junior High School como de costumbre. Oí el chirrido de las llantas cuando él dio la vuelta a la esquina y se detuvo. "Algo anda mal", pensé. "¿Por qué tiene tanta prisa? Ojalá no se trate de malas noticias de México". Cuando lo vi radiante, con sus dos dientes frontales más visibles que nunca, me sentí aliviado. —Adivina qué, Panchito —dijo él sin aliento. Antes de que yo pudiera preguntarle, dijo abruptamente: —¡Volví a conseguir mi trabajo! Empiezo el lunes.

—¿En Main Street Elementary School?

—¡Sí! El señor Sims me ofreció devolverme el empleo. Me dijo que el hombre que me reemplazó no dio buenos resultados. Lo despidieron. Siento pesar por él, pero es fantástico para nosotros, Panchito. Éste es mi boleto para salir del campo y ganar más dinero.

Yo estaba contento, pero también triste. Eso significaba que yo tendría que trabajar en el campo solo, después de la escuela. Mi hermano notó que mi entusiasmo desaparecía.

—Tú puedes ayudarme como antes —dijo, echándome el brazo al cuello—. Y quién sabe, puede ser que te consiga a ti también un trabajo ahí. ¡Ándale, anímate! Esa noche nosotros celebramos con raciones extra de raviolis y de helado de vainilla.

Ese fin de semana pizcamos zanahorias. Todo el domingo durante el trabajo me la pasé esperando impaciente que el día terminara. Yo saboreaba la idea de ayudar a Roberto a limpiar Main Street Elementary School y no tener que trabajar más en el campo después de las clases. Miré a Roberto, que estaba vaciando su balde en un saco. Él se destacaba por encima de la larga fila de sacos llenos alineados detrás de él. Las nubes grises se desplazaban encima de nosotros, fragmentándose en otras más pequeñas, dejando unas pocas aberturas de cielo azul.

A partir del lunes siguiente, Roberto y yo pasábamos más tiempo en la escuela y el trabajo que en la casa. Roberto me recogía en su carro después de la escuela y nos íbamos directamente a Main Street Elementary School para limpiarla. Bajábamos a buscar el carro de limpieza al cuarto del conserje, que estaba en el sótano del edificio principal. Roberto tenía las llaves de todos los cuartos y edificios. Él las llevaba en un llavero, sujetas a un lado del cinturón. Las llaves tintineaban cuando él caminaba, y mientras más ruido hacían, más sacaba el pecho y más levantaba la barbilla. Trabajábamos con mucho orden. Mientras Roberto despejaba las mesas y les sacudía el polvo, yo vaciaba la basura. Luego yo ponía las sillas sobre las mesas para dejarle el espacio libre y que él pudiera barrer el piso. Después que barría, él ponía las sillas de vuelta en su lugar mientras yo limpiaba los pizarrones. Limpiábamos por último los excusados de los niños y de las niñas. A las nueve en punto nos íbamos a casa, cenábamos, terminábamos nuestras tareas escolares y nos acostábamos. Los sábados y domingos continuábamos trabajando en el campo, pizcando zanahorias y desahijando lechuga.

Al final de cada quincena, Roberto recibía un cheque del distrito escolar de Santa María, que él convertía en efectivo para comprar comestibles y otros artículos de primera necesidad. Escondíamos bajo el colchón de la cama cualquier dinero que nos sobraba y luego lo enviábamos a nuestra familia en México a nombre de mi tía Chana, la hermana mayor de Papá, con quien nuestra familia estaba viviendo en Tlaquepaque, un suburbio de Guadalajara.

Una noche, cuando regresamos a casa después del trabajo, descubrimos que alguien se había metido a la casa y se había robado nuestro dinero. Ese mes no pudimos mandar dinero a nuestros padres. A partir de entonces, Roberto escondía el dinero dentro de un despostillado busto en cerámica de Jesucristo, que nos habíamos encontrado en el basurero público.

En busca de diversiones

Cada vez que Roberto y yo volvíamos a casa por la noche y encontrábamos la casa vacía, yo sentía la soledad. A veces me imaginaba oír las risas y las trifulcas de mis hermanitos. Echaba de menos los olores y los sabores de la comida casera, especialmente las tortillas de harina, los frijoles de la olla y la carne con chile. Me hacía falta ver los ojos de Papá llenársele de lágrimas cuando escuchaba en la radio música mexicana y oírle repetir las historias sobre su juventud en México. Aún extrañaba sus arranques de mal humor y sus constantes quejas sobre sus dolores de espalda y de cabeza. Yo sepultaba mi cabeza dentro de mis libros escolares. Quería seguir aprendiendo y escapar de la soledad que sentía por la falta de mi familia.

En la escuela me sentía solo la mayor parte del tiempo, pero lograba obtener cierta atención de mis compañeros de clase, gracias a mi buen desempeño en las matemáticas. El señor Milo ordenaba nuestros escritorios de acuerdo a nuestro desempeño en los exámenes de matemáticas. El estudiante con la nota mas alta obtenía el honor de sentarse en el asiento del frente, en primera fila. Unas cuantas veces me tocó sentarme en el primer asiento, pero la mayor parte del tiempo me sentaba en el segundo. Marjorie Ito, la hija del aparcero japonés para quien pizcábamos fresas, casi siempre ocupaba el primer lugar. Mis compañeros de clase me llamaban *hot shot,* y me hacían bromas porque yo trabajaba duro. A mí eso no me molestaba. Sabía que ellos lo hacían de manera amistosa. Además, yo quería ser aceptado y, más que todo, respetado. Papá insistía siempre en que debíamos ser respetuosos y respetados. "Si ustedes respetan a los demás, ellos los respetarán a ustedes", decía a menudo.

Para hacer amigos, empecé a prestarle mucha atención a las cosas que hacían y de las que hablaban mis compañeros de clase. Durante el recreo, las muchachas hablaban sobre los bailes, muchachos, y música. Los muchachos discutían sobre deportes, carros y muchachas. Cuando ellos se juntaban entre sí hablaban sobre diferentes canciones y cantantes y acerca de ir a bailar la noche de los sábados al Veterans Memorial Building, que quedaba en frente de El Camino Junior High School. A veces sus animadas conversaciones se convertían en discusiones sobre quién era el mejor cantante o cuál era la mejor canción. Muchos de los títulos de las canciones eran ridículos: *"Jailhouse Rock"*, *"Rock Around the Clock"* y *"Venus in Blue Jeans"*. Yo intentaba encontrarles algún sentido y me los trataba de figurar mentalmente. Creía que la palabra *rock* se refería a una piedra. Pero pronto descubrí que *rock and roll* era un género de música popular. Para mí, la música y el baile eran más interesantes y divertidos que los deportes o los carros.

Roberto y yo empezamos a poner música de *rock and roll* en la radio. Escuchábamos a Little Richard y a Elvis Presley. Yo disfrutaba del ritmo, pero no le prestaba mucha atención a las palabras, como hacía con la música mexicana. De todos los cantantes populares, Elvis era mi favorito. Sus canciones de ritmo rápido liberaban la energía de mis piernas y las hacían moverse casi en forma automática. Sus canciones lentas eran melancólicas, como algunas canciones rancheras mexicanas.

Escuchar a Elvis tuvo su recompensa. Durante los días lluviosos, cuando no podíamos salir al patio durante el recreo, permanecíamos en el salón de clase, y jugábamos diversos juegos. La señorita Ehlis propuso que formáramos pequeños grupos y presentáramos minidramas para toda la clase. A mí se me ocurrió la idea de crear un minidrama para mostrar la forma en que los bancos cobraban interés por los préstamos, en vista de que estábamos estudiando cómo calcular porcentajes en la clase de matemáticas del señor Milo. Todo mundo en mi grupo hizo una mueca de disgusto. —¿Por qué no hacemos algo relacionado con música? —sugirió uno de ellos con entusiasmo.

—Sí, *rock and roll*, —respondió otro.

"Aquí está mi oportunidad", pensé yo. —¿Qué les parece si yo canto una de las canciones de Elvis? —propuse nerviosamente. Todos ellos abrieron la boca sorprendidos y me quedaron viendo como si fuera un fantasma.

—¿Tú? ¿Representando a Elvis? ¡Elvis con acento mexicano! —dijo uno de ellos riéndose. Otros soltaron algunas risitas despectivas.

Sentí que la sangre se me agolpaba en el rostro. Empuñé las manos y, como un torero que se enfrenta al toro, les reclamé: —¿Por qué no? Todos se echaron a reír. —¿Por qué no? —repetí, molesto. Las risas cesaron.

—Hablas muy en serio, ¿verdad? Está bien, ¡hagámoslo! —exclamó Robert Lindsay, quien era un fanático de Elvis.

Al día siguiente, Robert Lindsay llevó varios discos de Elvis y tocó algunas partes de ellos. No recuerdo exactamente por qué yo escogí para interpretar *"Treat Me Like a Fool"*. Me llevé el disco a la casa y lo toqué una y otra vez en el tocadiscos que Roberto consiguió prestado en Main Street Elementary School. Escribí la letra de la canción y la memoricé. La siguiente vez que lloviera durante el recreo, le tocaba el turno a nuestro grupo para hacer la presentación. Esa noche recé para que hiciera un día soleado, pero mis plegarias no fueron escuchadas. Llovió a cántaros a la mañana siguiente. Sentía mariposas en el estómago.

La idea de quedarme en casa se me ocurrió varias veces, pero no había remedio. Yo tenía que hacerlo.

Al llegar la hora de recreo, mi grupo estaba listo. Ellos eran mis cantantes de acompañamiento y mi apoyo moral. Robert Lindsay me presentó como Elvis y la clase estalló en una risotada. La señorita Ehlis permanecía de pie al fondo del salón con los brazos cruzados y una sonrisa en la boca. Mis manos estaban frías y pegajosas. El disco empezó a tocar y yo empecé a sincronizar con los labios la canción mas larga de mi vida. "Trátame como a un tonto. Trátame con vileza y crueldad, pero ámame..." Todo mundo gritaba y aplaudía, ahogando el sonido de la música. Robert Lindsay le subió el volumen, y la clase a su vez subió su propio volumen. Finalmente, la señorita Ehlis les dijo a todos que se aquietaran. Ella pidió que empezara de nuevo. Me sentía con más confianza y empecé de nuevo. Mi grupo se balanceaba y aplaudía al ritmo de la canción. Cuando terminamos, todo mundo nos aclamó, y aplaudió, incluyendo la señorita Ehlis. Algunos incluso gritaron: "¡Eso estuvo a todo dar, Frankie!" A partir de ese día me convertí en fanático de Elvis.

Yo le conté a Roberto acerca de mi presentación y le pregunté si podíamos asistir al baile en Veterans Memorial la noche del sábado.

—Tú no sabes bailar, y yo tampoco —dijo.

—Podemos observar y escuchar la música. Todo mundo habla acerca de los bailes en el Vets. Incluso se anuncian por la radio.

—En mi escuela también hablan de esos bailes, pero dicen que los tipos que van ahí se emborrachan y provocan pleitos.

—Si eso pasa, nos vamos de allí. Por favor, vamos aunque sea una vez —insistí yo. Roberto finalmente cedió. Era la primera vez que saldríamos a divertirnos solos. Antes habíamos ido a ver películas mexicanas en Fresno en los días lluviosos, pero había sido siempre con nuestros padres.

Llegamos al Veterans Memorial una hora después de haber comenzado el baile. Roberto estacionó la carcachita frente a El Camino Junior High School, junto al edificio de los Vets y al otro lado de un parque circular iluminado. Había grupos de muchachos dispersos por el parque y en el frente del edificio. Formaban grupos apelotonados, del centro de los cuales emergía el humo de los cigarrillos. Roberto y yo nos quedamos en el carro, escuchando la radio y observando como dos investigadores. Hileras de muchachos y muchachas entraban y salían del edificio hablando, riéndose y balanceándose al compás de la música, que salía estruendosa por la puerta de entrada.

Finalmente juntamos el coraje suficiente para salir del carro. Nos abrimos paso en medio de la multitud, entrechocando los hombros con otros muchachos que estaban parados en el portal, mirando a las muchachas que pasaban. Compramos nuestros boletos y entramos. La música resonaba y vibraba en todo el edificio, que estaba dispuesto como un teatro. Había filas de asientos a ambos lados, un escenario enfrente y un espacio abierto en el centro para bailar. Las tenues luces hacían difícil distinguir las caras de un lado a otro del salón. La banda sobre la tarima anunció la siguiente canción y empezó a tocarla. Logré reconocer algunas de las canciones porque las había oído en la radio, pero muchas de ellas eran nuevas para mí. Los títulos: *"Bird Dog"*, *"See You Later, Alligator"* y *"Great Balls of Fire"* me resultaban divertidos. Poca gente bailaba. La mayoría de los muchachos se mantenía de pie a un lado de la pista de baile, y las muchachas lo hacían al otro lado. "A lo mejor ellos tampoco saben bailar", pensé en ese momento.

Roberto y yo encajábamos perfectamente. Yo escuchaba la música sin prestar mucha atención a la letra, y examinaba a las pocas parejas que bailaban. Roberto parecía estar distraído, de modo que me incliné en dirección a él y le susurré fuertemente en el oído que prestara atención a los bailantes. —¿Por qué? —me respondió gritando, molesto. Me pareció que no le sería grato decirle la razón en ese preciso momento y lugar.

—Te lo diré después —le contesté.

Abandonamos el salón de baile sin haber gastado una sola onza de energía en la pista, pero muchos de los pasos del baile se me quedaron grabados en la mente. Esa noche, cuando regresamos a casa, me zumbaban los oídos y mis ropas olían como el cenicero en la oficina del director en Main Street Elementary School. Encendí la radio y sintonicé la estación que ponía música de *rock and roll*. —¿No has tenido suficiente? —me preguntó Roberto, con aspecto desconcertado. Después de unos cuantos anuncios comerciales salió la canción *"Rock Around the Clock"*, de Bill Halley y los Cometas. Agarré a Roberto de las manos y comencé a bailar, tratando de imitar algunos de los pasos que había visto en el Vets. —¡Te has vuelto loco! —gritó él, retirando sus manos rápidamente.

—¡No estoy loco! ¡Ándale Roberto, bailemos!

—Los hombres no bailan unos con otros —dijo él, riéndose—. Además, nosotros no sabemos hacerlo.

—Pero si no lo intentamos, nunca aprenderemos. Ándale —insistí—. Recuerda lo que vimos allá en el Vets. Algunas de las muchachas bailaban una con otras. ¿Por qué? Porque los muchachos no las solicitaban.

—Tal vez los tipos no sabían bailar.

—A eso voy, —dije—. Si nosotros aprendemos...

—Ya veo a qué te refieres, Panchito. Conoceremos muchachas y haremos nuevas amistades.

—Ándale —dije en señal de acuerdo—. Y nos divertiremos mucho, también.

A partir de ese momento, Roberto y yo fuimos compañeros de baile secretos. Practicábamos aproximadamente media hora cada día, después de nuestra cena de raviolis. Raramente nos perdíamos un sábado por la noche en el Vets y eventualmente nos atrevimos a invitar a las muchachas a bailar. Mi hermano me llamaba "El Resortes".

Hice amistad con varias compañeras de la escuela que asistían regularmente al Vets. Peggy Dossen era una de ellas. Siempre bailábamos la última canción. Ella estaba en mi clase y con frecuencia me hacía bromas por haber imitado a Elvis. Cada vez que ella lo hacía, yo le decía: "Trátame como a un tonto. Trátame con vileza y crueldad, pero ámame". Ella siempre se reía como si fuera la primera vez que me escuchaba decir eso.

Un día viernes, después de la clase, Peggy dijo que no estaba segura de que iba a asistir al próximo baile del Vets. Me pidió que la llamara la noche del sábado antes de que Roberto y yo saliéramos hacia el baile. Ella me escribió su número telefónico en un pedacito de papel que arrancó de su cuaderno, me lo dio y echó a correr para coger su aventón antes de que yo tuviera tiempo de decir nada. Nosotros no teníamos teléfono en la casa. Yo nunca había usado ninguno. Me desesperé tratando de pensar qué hacer. Entonces me acordé de Joe y Espy Martínez. Ellos eran los vecinos con quienes compartíamos el excusado y los botes de basura. Eran los únicos en el rancho que tenían teléfono. Decidí pedirles que me dejaran usarlo.

Me dirigí caminando nerviosamente hacia su barraca, seguido de una manada de perros que ladraban. Joe me saludó y me invitó a entrar.

—¿Me harían ustedes el favor de prestarme su teléfono? —les pregunté.

—Claro que sí, Panchito —dijo Espy. —Pasa. Está sobre la mesa—. El teléfono negro era igual al que había en la oficina del director de la escuela. Saqué del bolsillo de mi camisa el papel donde Peggy me había anotado su número, lo desenvolví y lo puse a un lado del teléfono. No sabía lo que debía de hacer a continuación. Lancé una mirada a Espy, quien se fijó en mi indecisión. —¿Qué pasa, Panchito? ¿Se te olvidó el número?

—No —le respondí, dudoso. Ella debió haber leído en mis ojos una petición de auxilio.

—Bueno, déjame que yo te lo marque —dijo ella, tomando el auricular.

Mientras yo leía los números, ella los iba marcando, uno por uno, lentamente, dándome la oportunidad de ver cómo se hacía. Ella colocó entonces el auricular en mi mano izquierda y lo levantó hacia mi oído. Sentía que la palma de mi mano estaba sudando. Después del tercer timbrazo, oí un "Hola". Reconocí la voz de Peggy. —Hola, —repitió ella—, ¿hay alguien ahí?

—Peggy, soy yo —dije en un susurro.

—Habla más alto —dijo ella—. Casi no puedo oírte. Yo miré a Joe y a Espy, quienes fingían no estar prestando atención.

—Soy yo, Francisco.

—No puedo ir a la fiesta esta noche. Lo siento. Tengo que cuidar a un niño. ¿Irás tú?

—Creo que sí. Yo estaba decepcionado pero ansioso de terminar la conversación. No me gustaba hablar con Peggy por teléfono porque no podía verle la cara. Mis respuestas a sus preguntas eran breves, seguidas por un silencio absoluto. Me imaginé que ella se había cansado de intentar hacerme hablar.

—Tengo que irme. Te veré en la escuela —dijo ella cortante.

—Sí —dije yo, aflojando el auricular, que tenía asido fuertemente. Luego colgué. El auricular estaba húmedo. Lo sequé con la manga de mi camisa, le agradecí a Joe y a Espy y me precipité hacia afuera antes de que ellos pudieran hacerme alguna pregunta.

La siguiente vez que vi a Peggy, ella me pidió que la acompañara a pie a su casa después de salir de clase. Cuando Roberto llegó para recogerme, le dije que me encontraría con él en el trabajo y le expliqué la razón. La casa de Peggy estaba a unas pocas cuadras de Main Street Elementary School, en el lado este de la ciudad. Las casas en el vecindario de Peggy eran muy diferentes a las barracas del Rancho Bonetti. Tenían aceras, céspedes al frente y bellos jardines de flores. No tenía que cuidarme de los baches ni de perros callejeros. Yo había estado antes en una casa. Cursaba el cuarto grado cuando mi amigo Carl me invitó a su casa a ver su colección de monedas. La casa de Peggy era dos veces más grande que la de Carl. Era un edificio de dos pisos con un garaje doble. Fuimos recibidos en la puerta por un perrito de lanas blanco, que tenía una cinta roja de seda amarrada en la cola. —Éste es Skippy, —dijo Peggy. Ella lo recogió, le dio un ligero beso, y lo puso de nuevo en la blanda alfombra blanca. El aire tenía un dulce olor a perfume. Al pasar por la cocina, noté que no olía a nada, y eso me pareció extraño. Nuestra cocina siempre tenía algún olor. Peggy me presentó a sus padres, quienes estaban sentados en una amplia sala de estar. —Mamá y Papá, este es Francisco Jiménez, un amigo mío. Los maestros y algunos chicos lo llaman Frankie—. Yo sentía mariposas en el estómago.

—Mucho gusto en conocerlos —dije yo, limpiando mi sudorosa mano en el lado de mi pantalón, antes de estrechar la mano del padre de Peggy.

—Igualmente, Frankie —dijo él, tomando mi mano y sacudiéndola varias veces. Su voz era ronca y fuerte como la de Papá.

—¿Eres español? —preguntó cortésmente la señora Dossen. —Detecto un acento muy fuerte.

—Soy mexicano —dije orgullosamente. —Pero nací en Colton, California —agregué rápidamente.

—Eso es interesante —dijo el señor Dossen después de un breve silencio. Su esposa asintió con la cabeza y sonrió un tanto incómoda.

—Ven, Frankie, te mostraré mi cuarto —dijo Peggy, agarrándome la mano. Yo la retiré al ver a sus padres, que parecían estar inquietos. Peggy y yo subimos las escaleras.

Su perro de lanas iba adelante, sacudiendo la cola. El cuarto de ella era tan grande como nuestra cocina y nuestro dormitorio combinados. Estaba alfombrado de blanco de una pared a la otra. Las cortinas de encaje rosado en las dos ventanas grandes hacían juego con el color de la sobrecama, que era gruesa y esponjosa. Su armario, que estaba lleno de ropa, se encontraba empotrado en la pared, y la mesa de su tocador estaba cubierta de botellitas de perfume, lápices de labios y muñecas en miniatura. El marco exterior del espejo de su tocador estaba lleno de fotos de su familia y de su perrito.

—¡Es muy bonito! —exclamé yo.

—Me alegro que te guste—. Ella apartó varios animales grandes de peluche que tenía en la cama y se sentó en el borde de ésta. —Ven, siéntate junto a mí, —dijo.

Me sentía incómodo estando solo con ella en el cuarto. "Papá y Mamá nunca habrían permitido esto", pensaba. Era irrespetuoso, especialmente para sus padres. —Es mejor que me vaya, —le dije—. Se está haciendo tarde.

—¿Tarde para qué? —dijo ella, riéndose. Me agarró del brazo y me jaló, tratando de obligarme a sentarme junto a ella. Hundí mis talones en la gruesa alfombra y me incliné hacia atrás. —¿Qué te pasa? —dijo ella, fastidiada. El perrito percibió que Peggy estaba alterada y empezó a ladrarme y a tirar con los dientes de la tela de mi pantalón.

—Peggy, ¿qué pasa con Skippy? —gritó su madre desde el piso de abajo. —¡Será mejor que bajen inmediatamente!

Peggy tranquilizó al perrito, lo levantó del suelo y, sin decirme una sola palabra, se lo llevó hacia abajo. Yo me sentí contento de seguirla. Le dije adiós a sus padres y me dirigí a la puerta. —Gracias por acompañarme a la casa, —dijo Peggy.

—De nada —le dije. —¿Nos veremos en la escuela?

—Claro —contestó ella —. Hasta luego.

Al siguiente día, cuando vi a Peggy en la escuela, ella me evitó, aun fuera de clase. No se fue a su casa caminando después de clase. Cuando vi a su mamá esperándola en un carro, la saludé con la mano, pero ella volteó a ver en otra dirección. No podía entender el por qué. Al siguiente día acorralé a Peggy en el vestíbulo y le pregunté por qué me evitaba. Ella se alejó y se negó a hablar conmigo. Me sentía herido y perplejo.

Roberto y yo continuamos yendo a los bailes al Vets, pero ellos dejaron de ser divertidos. Peggy había dejado de ir, y cada vez eran más los muchachos que se emborrachaban y provocaban peleas. Teníamos miedo de meternos en líos, así que dejamos de asistir tan seguido como antes. Sin embargo, no dejamos de escuchar música. En casa bailábamos el uno con el otro o con la escoba para mantenernos en forma. En lugar de ir al Vets, a veces íbamos al cine. Ver películas americanas era diferente para Roberto y para mí. Nosotros no íbamos antes a ver películas americanas porque Papá no entendía el inglés. A veces, en los días lluviosos, cuando no trabajábamos, nuestra familia iba a ver películas mexicanas de vaqueros. Ésas eran las favoritas de Papá. Le recordaban su niñez y la vida en el campo, donde los caballos eran el único medio de transporte. Yo disfrutaba de las películas americanas porque me ayudaban a mejorar mi inglés y porque me servirían como tema del cual podía hablar con mis compañeros de la escuela.

Juntos de nuevo

Nosotros sabíamos que nuestra familia regresaría de México a comienzos de abril, pero no sabíamos exactamente qué día. En las noches, volábamos a la casa después del trabajo, con la esperanza de verlos. Cada vez que hallábamos la casa vacía nos sentíamos decepcionados, pero a la vez esperanzados y emocionados de que llegarían al día siguiente. Queríamos sorprenderlos cuando llegaran a casa, de modo que visitábamos con frecuencia el basurero público los sábados al anochecer para buscar pintura y linóleo descartados que nos sirvieran para embellecer el interior de nuestra casa. Pintamos la cocina y reemplazamos el linóleo desgastado con piezas de distintos colores y formas, dándole al piso el aspecto de un mosaico. En su clase de carpintería, Roberto hizo un aparador con un macetero encima y lo llenó de flores de plástico. Lo puso contra el borde del lavabo de la cocina, dividiendo la cocina y el área del comedor. Antes de irnos a la escuela cada mañana, nos asegurábamos de que la casa quedara perfectamente limpia.

El día largamente esperado finalmente llegó. Era un domingo por la noche. Roberto y yo estábamos haciendo nuestras tareas escolares en la mesa de la cocina cuando oímos ladrar a los perros. Dimos un salto y salimos corriendo por la puerta. Un taxi llegó bordeando la esquina y se estacionó al frente. Todas las cuatro puertas del taxi se abrieron como los pétalos de una flor amarilla. Di la vuelta al frente del carro para llegar al otro lado, donde Papá y Mamá estaban parados con los brazos abiertos. Me sentía como un niño corriendo a encontrarlos. Yo no sabía a quién abrazar primero. Papá me dio un beso en la frente, el primero que nunca me había dado. Trampita, Rorra y Torito saltaban arriba y abajo y corrían alrededor de Papá, Mamá, Roberto y yo, en un círculo, riéndose histéricamente, tocando nuestras piernas y chocando unos con otros. El chofer del taxi se mantenía de pie inclinado sobre el parachoques trasero, esperando que Papá le pagara. Roberto y yo descargamos las cajas de cartón de la cajuela y corrimos hacia la casa, ansiosos de mostrarle a Papá y a Mamá lo que habíamos hecho.

—¡Es lindo, mijo! —dijo Mamá, mirando en derredor suyo la cocina recién pintada, el piso de diferentes colores y el aparador con las flores plásticas.

—Esto debe haber costado caro —dijo Papá, pasando sus manos sobre la madera.

—Yo no lo compré, lo hice en la escuela —respondió Roberto, orgullosamente.

—¡Así que eso te enseñan en la escuela! Eso es bueno, mijo. Quizás algún día llegues a ser un carpintero.

—Como San José —dijo Mamá. —A mí me gustaría eso.

—Cuéntennos lo de México, —dijo Roberto, tratando de apartar la atención de su propia persona.

—Al ratito —respondió Mamá—, pero primero, tenemos una sorpresa para ustedes. Ella se puso de rodillas y abrió una de las cajas de cartón, de la que sacó una pequeña estatua del Santo Niño de Atocha.

—Esto es para ti, Roberto.

Mi hermano estaba pasmado y sin palabra. Él agarró firmemente la estatua con ambas manos, asegurándose de que no se le cayera. La examinó de arriba a abajo y de un lado al otro.

—Gracias, Mamá —dijo, con los ojos llorosos.

—Él te curó cuando estuviste enfermo —dijo Roberto, volteándose hacia Torito y entregándole la estatua.

—Yo sé, —dijo Torito, extendiendo las manos para tomarla.

—Fue un milagro —dije yo, recordando que Mamá le había hecho a Torito un traje igual al que el Santo Niño Jesús llevaba en una estampita de oración que Papá llevaba en su cartera. Todos le rezamos al Santo Niño hasta que mi hermanito se alivió.

—Y para ti, Panchito, te trajimos este busto nuevo de Jesucristo para que repongas el que está desportillado —dijo ella—. Es más pequeño, pero más bonito.

Yo lo tomé cuidadosamente y le di a Mamá un abrazo. La pieza de cerámica representaba el rostro doliente de Cristo llevando una corona de espinas hecha de clavos puntiagudos. La sangre brotaba de su frente y sus tristes ojos miraban hacia arriba en actitud de oración. Me causaba tristeza ver aquella imagen.

Después que le contamos cómo nos iba en la escuela y el trabajo, Papá empezó a contarnos sobre la estadía de ellos en México. —Tuvimos algunos altos y bajos, —dijo Papá, encendiendo un cigarrillo Camel—. Fue duro para tu tía Chana. Ella y su familia no tienen mucho, pero nos hicieron sentir como en nuestra casa. Con el dinero que ustedes nos enviaron, nosotros ayudábamos a comprar comestibles, pero a veces pasábamos apuros.

—Si no fuera por ustedes, mijos, no sé lo que habríamos hecho, —dijo Mamá—. Ella suspiró y continuó diciendo: —Pero los niños la pasaron bien, a excepción de Trampita...

—Un camión me atropelló —dijo abruptamente Trampita.

—Él se distrajo —dijo Papá, lanzándole una mirada severa por haber interrumpido. —Estaba jugando con sus primos en la calle. Por fortuna, no resultó lastimado gravemente, pero nos dio un buen susto. Trampita sonrió y se encogió de hombros tímidamente.

—¡Papá tiene otra buena noticia! —dijo Mamá emocionada—. ¿Recuerdan cuánto sufría Papá del dolor de espalda? Bueno, cuénteselo usted, viejo.

Papá se echó a reír y se puso de pie, erguido. —Vean, mi espalda está mucho mejor. Él se sentó y continuó: —Estoy recuperado. Una curandera se hizo cargo de mí. Ella descubrió que yo había sido embrujado.

—¿De veras? —dije yo, acordándome de Doña María, una curandera en *Tent City* que trató de curar a Torito cuando él estuvo enfermo. Había algo en ella que me ponía nervioso.

—¿Cómo lo descubrió la curandera? —preguntó Roberto.

—Fui a su choza en las afueras de Tlaquepaque. Era como el garaje en el que vivíamos en Selma. Tenía el piso de tierra y no había electricidad. Detrás había un corral en el que ella criaba pollos y cerdos. En una esquina de la choza había una mesita cubierta con un trapo rojo. En la esquina opuesta había un altar con la Virgen de Guadalupe. Éste se encontraba rodeado de velitas encendidas, piezas de ropa, guirnaldas, flores secas, incienso ardiendo y estampas sagradas. Nos sentamos a una mesa uno frente al otro y bebimos un té amargo que me produjo sueño. Ella entonces hizo que me desnudara hasta la cintura y me acostara boca abajo en un petate. Me masajeó la espalda con huevos crudos y salmodió un canto en huichol. Yo entendí una o dos palabras porque la abuelita de ustedes acostumbraba hablarlo. Caí en un sueño profundo. Cuando desperté, estaba empapado de sudor y mi cabeza estaba en medio de un charco de sangre, cubierto de moco. Tenía mal olor, como el de un cadáver. Ella me dijo que había vomitado eso durante mi sueño.

—Quizás ella lo puso ahí mientras estaba dormido —le dije.

—Me suena como que tú no me crees, mijo, pero es cierto. Papá parecía estar molesto.

—Apuesto a que el diablo tuvo algo que ver con eso —dijo Roberto—. Cuando usted estaba muy enfermo en Corcorán, Papá, yo vi al diablo en el vaso de agua que usted ponía junto a su cama.

—Yo pensaba que el vaso de agua era para espantar a los espíritus malignos, —dije.

—¿Tú no crees que yo vi al diablo? —dijo Roberto, alzando la voz y haciéndome una mueca.

—No estoy seguro —respondí—. Tal vez te lo imaginaste. Además, ¿cómo podemos saber si realmente existe?

—Es mejor que lo creas, o si no...

—No lo digas —interrumpió Mamá—. El asunto es que Papá se siente mejor, y hay que darle las gracias a Dios por eso.

Continuamos hablando hasta muy avanzada la noche, poniéndonos al corriente de las cosas que habíamos hecho en el tiempo en el que estuvimos separados. Esa noche antes de acostarnos, oramos y agradecimos a Dios porque nuestra familia estaba unida de nuevo. Coloqué el busto de Jesucristo debajo de mi almohada y me quedé dormido.

De vuelta al campo

Yo estaba feliz de estar con mi familia de nuevo, pero me afligía tener que regresar al campo. Ahora que Papá se sentía mejor, él empezó a trabajar de nuevo para Ito. Y yo también. Tomaba el camión de la escuela a casa después de clase y me juntaba con Papá para pizcar fresas. Me pagaban por pizcar pero no por ayudarle a mi hermano a limpiar Main Street Elementary School.

Me hacía falta estar con Roberto. Mientras trabajaba, soñaba despierto con ir a los bailes del Vets y tocaba canciones de *rock and roll* en mi cabeza. La mayor parte del tiempo, sin embargo, me dedicaba a estudiar las cosas que necesitaba aprender para la escuela. Escribía la información en una libretita que llevaba en el bolsillo de la camisa, y la memorizaba mientras pizcaba.

Los fines de semana eran especiales. Roberto se juntaba con Papá y conmigo en el campo y, durante la media hora del almuerzo, Roberto y yo escuchábamos a Papá y a los braceros contar historias sobre México. Una vez Papá nos contó cómo se había integrado él a la Rebelión de los Cristeros en 1926, cuando tenía dieciséis años, y había sido herido en una rodilla y encerrado en la cárcel por seis meses. —¿Ves esta cicatriz? —dijo él con orgullo, subiéndose la pierna del pantalón—. La bala todavía está ahí. Tócala. Yo puse el dedo en la áspera seña. —Pero apriétala, mijo. Sentí un duro pedazo de plomo, del tamaño de una canica, nadando dentro de la rodilla de Papá mientras él hacía girar su rodilla. —Aquéllos fueron tiempos duros, —siguió diciendo—. Uno podía oler la muerte en el aire. Los campos estaban regados de sangre y los hombres colgaban de los árboles como frutas podridas. Después que terminó de contar la historia, él prendió la radio del carro para escuchar música mexicana. Yo cambié la estación para poner *rock and roll* y Papá se enojó. Dijo que eso era basura y me ordenó que volviera a ponerle su música.

Papá hablaba a menudo de ser aparcero de fresas y no tener que trabajar para otro. Así que cuando Papá supo que un ranchero andaba buscando aparceros, se sintió en un dilema. Sentía cierta lealtad hacia Ito porque él nos había patrocinado cuando solicitamos nuestras visas. Él sabía que sin la ayuda de Ito no hubiéramos podido regresar legalmente con la rapidez que lo hicimos. Iba de un lado a otro, tratando de decidir qué hacer. Joe García, uno de nuestros vecinos, que había servido en la Segunda Guerra Mundial, le proponía insistentemente a Papá que formaran una sociedad, haciéndose cargo de seis acres, tres acres cada uno, en una plantación de fresas en una parcela de tierra ubicada entre Santa María y Guadalupe. Papá finalmente se dejó convencer. Decidió continuar trabajando para Ito seis días a la semana, excepto los domingos, y ser un aparcero.

La aparcería no era fácil. El ranchero proporcionaba la tierra y las plantas, pero los aparceros se hacían responsables de todo lo demás. Teníamos la mano de obra para trabajar la tierra, pero no el equipo. Papá y Joe García pidieron dinero prestado de una compañía de ahorro y préstamo para comprar un pequeño tractor, herramientas, madera para construir un tejadillo donde guardarlas y un excusado. Papá compró también a crédito un Buick de 1953 para reemplazar la Carcachita. Roberto manejaba el Buick para ir a la escuela y al trabajo. Papá y Mamá conducían un viejo DeSoto que el señor Donovan, un ranchero, les había dado a cambio de un trabajo que Papá le había hecho.

Los tres acres consumían todo nuestro tiempo y nuestros recursos. Papá trabajaba para Ito desde las siete de la mañana hasta las cinco y media de la tarde. Él llegaba a la casa, cenaba rápidamente y se dirigía con Trampita y conmigo a nuestros tres acres, donde trabajábamos hasta que llegaba la noche. Papá araba la tierra con el tractor mientras Trampita y yo arrancábamos las malas hierbas. Las sacábamos con una palita de mano, asegurándonos de no

dañar las delicadas plantas de fresas. A veces el terreno estaba tan duro que teníamos que enterrar la palita dentro
del suelo con ambas manos, empujando con todo el peso
del cuerpo. Habían cientos de coquitos, una variedad de
maleza que tiene una pequeña nuez de color castaño en las
raíces. Teníamos que sacar siempre la nuez, porque si no lo
hacíamos, la planta volvía a retoñar. Algunas áreas estaban tan plagadas de hierba que las plantas de fresa tenían
que luchar para sobrevivir.

Una vez que limpiábamos las hierbas, quebrábamos los
terrones con palas y azadones cortitos. A veces parecía
una batalla perdida. Cada vez que Papá araba los surcos,
surgían más terrones, dejando el suelo otra vez rugoso y
disparejo. Nosotros machacábamos los surcos con los azadones y las hojas de las palas, tratando de desmoronar la
tierra. El suelo era tan rebelde como la hierba. Papá maldecía y apretaba con fuerza los dientes cada vez que araba.
Las gotas de sudor le resbalaban sobre la nariz. Trampita y
yo nos cansábamos rápidamente, pero seguíamos adelante.
Queríamos agradar a Papá. Trabajábamos hasta que oscurecía y llegábamos a la casa agotados.

Los domingos, Roberto y el resto de la familia iban a
trabajar. Torito se encargaba de cuidar a Rubén y a Rorra
mientras Mamá se unía al resto de nosotros en la batalla
contra las hierbas y los terrones. Los sábados por la noche
Roberto y yo no salíamos. Nos quedábamos en la casa estudiando. Durante ese tiempo, yo apenas lograba cumplir

con mis tareas escolares. Mis notas en las clases de estudios sociales, inglés y matemáticas sufrieron. Me tocó sentarme en el quinto lugar durante tres semanas seguidas.

Pero cuando vimos brotar las florecillas blancas en unas pocas plantas, sentimos que nuestro duro trabajo había valido la pena. Los pétalos blancos caían al suelo como copos de nieve, dejando un pequeño bulbo verde que se convertía en una fresa al cabo de unos días. Como niños que van a la caza de huevos de Pascua, nosotros buscábamos fresas ocultas entre las hojas. Las pizcábamos suavemente, tratando de no magullarlas, y las poníamos en una caja de cartón que estaba montada en un carrito de madera con forma de caballo, el cual empujábamos delante de nosotros mientras pizcábamos de rodillas.

Nos sentimos decepcionados cuando encontramos algunas plantas que no habían crecido nada. No tenían flores ni frutos. A medida que pasó el tiempo se secaron y se murieron. Otras plantas se empezaron a poner de color café, dejando varios parches cafés dispersos en todo el campo. Joe y otros aparceros fueron a ver al ranchero para decirle lo que estaba pasando. El ranchero examinó unas cuantas plantas y dijo que él pensaba que una plaga había infestado las plantas. Contrató a una compañía química para fumigar el campo.

El día que llegó la compañía química, Roberto y yo faltamos a la escuela para ayudar en la fumigación. Cubrimos el campo con unas enormes carpas de plástico blanco y sellamos los bordes con tierra. Cuando el viento se calmó, fue bombeado un gas químico a través de una manguera desde un tanque metálico que estaba montado en la tina de un camión grande. Roberto y yo recorrimos con palas el campo, asegurándonos de que las carpas plásticas estuvieran completamente selladas. Llevamos lámparas de mano para alumbrar nuestro camino. A medida que avanzaba la noche, costaba más trabajo mantener los ojos abiertos. Tenía ganas de acostarme a dormir, pero Roberto y Papá no me dejaban. —Ándale, Panchito, —me gritaba Roberto, golpeando el suelo con su pala—. Podrás dormir mañana cuando volvamos a casa. La niebla soplaba de la costa y envolvía el campo. Para ayudarme a combatir el sueño yo me imaginaba que me encontraba abandonado en una isla y en busca de ayuda. Encendía y apagaba mi lámpara de mano, con la esperanza de que me vieran y me rescataran. La luz se fragmentaba al chocar contra la densa capa de niebla. Roberto me seguía en el juego. Él hacía lo mismo con su lámpara desde el otro lado del campo. Al llegar la madrugada, estábamos agotados. Papá estaba encorvado y le costó mucho trabajo enderezarse. Yo sentía los brazos y las piernas como plomo. Roberto y yo nos fuimos derechito a la cama a las seis esa mañana. Papá salió en cambio a pizcar fresas para Ito.

Papá estaba seguro de que la fumigación había resuelto el problema. Arrancó las plantas muertas y las reemplazó por otras nuevas. Cada día examinaba las plantas moribundas para ver si habían crecido. Cuando no descubrió ningún cambio, habló con otros parceros sobre el asunto: las plantas de ellos también se estaban secando. Los campos verdes estaban de nuevo cubiertos de parches color café. El ranchero hizo examinar el suelo y encontró que los químicos utilizados para prepararlo habían sido demasiado fuertes; habían matado las plantas.

A partir de ese día, el espíritu de Papá comenzó también a fallecer. Sus estados de ánimo cambiaban de un día para otro. Empezó a quejarse de su espalda y se enojaba por cualquier cosa y con cualquiera, especialmente con Mamá. Había veces en que nada de lo que ella hacía le parecía bien. Se quejaba con ella de su trabajo, de los hijos, de la comida, de los ruidos y de los vecinos. Después del trabajo él solía tirar sobre la mesa su lonchera negra, meterse a su cuarto y no decirle a nadie una sola palabra. Escuchaba por la radio la música mexicana, fumaba y consumía más aspirinas que alimentos. Empezó a perder peso. —Tenemos que estar malditos, —dijo una vez enojado después de la cena. Al igual que Papá, yo me sentía enojado y me preguntaba si él no tendría razón.

El mal humor de Papá se transmitía también a nuestra vida social. A él no le gustaba que Roberto y yo saliéramos de la casa más que para trabajar.

Un sábado por la noche Roberto y yo le pedimos permiso para salir. —¿Adónde quieren ir? —preguntó, clavando la vista en el techo. Roberto y yo esperamos que el otro respondiera. —¿Adónde? —dijo impaciente.

—Al Vets, Papá —dijo finalmente Roberto, un poco asustado.

—¿Qué es eso?

—Es un salón donde hacen bailes —dije yo, suponiendo que era mi turno para hablar.

Papá se quedó mirando fijamente hacia el espacio. Roberto y yo permanecíamos de pie frente a él esperando una respuesta. Se produjo un largo y penoso silencio. "¿Por qué tenemos que pasar por esta tortura siempre que queremos salir?" me pregunté. Yo miraba alternativamente a Roberto y a mi padre.

—Pues, ¿nos va a dejar ir? —dije impacientemente. Roberto me miró con ojos aterrados y me dio un codazo leve. Yo comprendí que había traspasado los límites.

—No me gusta nada el tono de tu voz, Pancho. ¿Quién te crees tú? —replicó Papá enojado, apretando los dientes y lanzándome una penetrante mirada que me provocó escalofríos en la espalda. Bajé la cabeza. Mis piernas empezaron a temblar. —¡No me oyes! —dijo él, enojado. Sus palabras picaban como agujas. Mamá debió haber estado escuchando porque ella entró y rompió mi silencio.

—Déjelos ir, viejo. Son buenos muchachos; nunca se han metido en problemas, ni siquiera cuando vivían solos, —dijo ella suavemente.

—Papá relajó la tensión de sus mandíbulas y encendió un cigarrillo. —Bien. Roberto puede ir, pero tú no, Pancho. Tú te quedas en casa, —dijo con firmeza. Sus ojos echaban chispas. —Y no vuelvas a hablarme nunca en ese tono de voz, ¿entendido?

—Sí —respondí. Mi voz se quebró. Roberto me dio otro codazo. —Perdóneme, Papá —agregué cortésmente.

—Nadie me falta el respeto, y mucho menos mis propios hijos —dijo. Vuelve antes de la medianoche. Y llévate los dos botellones vacíos y llénalos de agua en la gasolinera cuando regreses.

Le ayudé a Roberto a cargar en la cajuela del carro los dos botellones de cinco galones que usábamos para acarrear el agua de beber.

—Tienes que tener más paciencia con Papá —dijo Roberto.

—Sé que él está enfermo, pero estoy cansado de sus malos humores.

—Pero contestarle de mal modo no te servirá para nada —dijo él. —Ya ves, ahora no podrás ir conmigo al Vets.

—Ya lo sé —dije tristemente.

Las botellas tintineaban al fondo de la cajuela cuando mi hermano partió a la fiesta sin mí. Regresé a la casa sintiéndome furioso contra Papá y contra mí mismo.

La medalla de San Cristóbal

Habíamos perdido nuestros tres acres de fresas y me sentía apenado por Papá. Pero también me sentía aliviado, porque ya no tendría que trabajar hasta muy tarde en la noche ni perder más días de clase. Tenía más tiempo para estudiar. Me puse al día en matemáticas y recuperé mi segundo lugar en la primera fila. Margie Ito continuaba ocupando el primer lugar. Ella era inmovible. En estudios sociales obtuve el noventa y cinco por ciento en el examen final sobre la Constitución de los Estados Unidos. Batallaba en mi clase de inglés, pero siempre salía bien en las pruebas de ortografía, que realizábamos una vez por semana. Escribía en mi libretita las palabras cuya ortografía estudiábamos y las repasaba mientras trabajaba.

La tarea mas difícil para mí fue escribir un trabajo de fin de curso para mi clase de ciencias. Teníamos que escoger un tema científico cualquiera, investigarlo y escribir un informe. Pasé grandes apuros para decidir cuál sería mi tema. No se me ocurría nada. Entonces un día, mientras hojeaba un libro de historia, me encontré una breve sección sobre Cristóbal Colón y el descubrimiento del Nuevo Mundo. Al echarle un vistazo, captó mi atención el nombre de Hernán Cortés. Me sentí fascinado. Era la primera vez que leía algo sobre alguien que tuviera un apellido español. Leí el párrafo varias veces y pronuncié el nombre de Hernán Cortés en voz alta. Me gustaba la forma en que sonaba. Me sentía orgulloso. Empecé a preguntarme cómo habría sido ser un explorador cuatrocientos años atrás.

Entonces se me vino una idea para mi informe. Exploraría el sistema solar. Fui a la biblioteca, saqué algunos libros sobre la luna y los planetas y los leí, tomando apuntes. Luego inventé una historia acerca de un grupo de seis científicos que deciden explorar parte del sistema solar. Los científicos eran: Roberto y yo, cocapitanes; y Trampita, Torito, Rorra y Rubén, nuestros asistentes. Construimos una astronave espacial y viajamos a siete planetas y a la luna. Exploramos cada uno de los planetas en orden creciente de distancia con respecto al sol: Mercurio, Venus, Marte, Júpiter, Saturno, Urano, Neptuno y Plutón. Yo llevaba un diario de la expedición y hacía dibujos para ilustrar nuestros hallazgos. El señor Milo, que también era mi maestro de ciencias, me dio A+ por el informe, aunque yo había cometido varios errores gramaticales. Él me dijo que yo tenía buena imaginación y dijo que había exhibido mi informe en la *Open House* la noche anterior. Yo no sabía lo que significaba *Open House* y me sentí aún más confuso cuando dijo que había tenido deseos de conocer a mis padres esa noche.

Unos pocos días antes de terminarse el año escolar, nuestra clase ensayó para la graduación en el auditorio, que servía también como cafetería. Formamos una fila en orden alfabético, en el corredor que estaba afuera, y entramos marchando al compás de la música de un tocadiscos. Subimos las gradas hasta el escenario, donde nos sentamos en frías sillas de metal. Repetimos este ejercicio varias veces hasta que nos salió bien. Se nos dijo que nos vistiéramos de pantalones oscuros y una camisa blanca. A las niñas les tocaba llevar una blusa blanca y una falda oscura.

Todo el día sábado me lo pasé pensando acerca de la graduación. Me emocionaba la idea de salir de El Camino Junior High School y empezar las clases a tiempo en Santa María High School a partir del otoño. Cuando Papá y yo llegamos a casa del trabajo a las seis de la tarde, Mamá había calentado ya el agua en una olla para mi baño. Me lavé el pelo con detergente Fab y me restregué fuertemente las manos con Ajax para quitarme las manchas de fresa. Me puse un par de pantalones vaqueros limpios y una camiseta blanca.

—No puedes llevar esa camiseta, mijo —exclamó Mamá—. Está amarillenta y raída.

—Es la mejor que tengo.

—Mira, Panchito, ponte ésta. Está más blanca que la tuya —dijo Roberto, dándome una de sus camisetas. Me la probé. Me quedaba un poco grande, pero era mejor que la que yo tenía. —Te miras muy bien, —dijo él, riéndose. Lo único que te falta son unos cuantos músculos más para que puedas llenarla.

—Gracias, señor Atlas —le respondí, también riéndome.

—Es mejor que te apures. Se está haciendo tarde, —dijo mamá. Ella me frotó aceite marca Tres Rosas en el pelo y me ayudó a peinarme. Papá, que se encontraba de un buen humor poco común, me roció la cara con su loción *Old Spice* para después de afeitarse. Sentí el contacto de sus grandes manos callosas como si fueran viejos guantes de cuero.

—No quiero que vayas a oler a fresas podridas —me dijo sonriendo—. Si tú hueles como yo, nadie va a querer acercársete—. Él se quitó su medalla de San Cristóbal, que llevaba alrededor del cuello, y me la entregó. —Toma, mijo —dijo. —Quiero que tengas esta medallita. Te va a servir de guía.

—Gracias, Papá —dije yo, admirando la desgastada imagen mientras la sostenía entre mis dedos. La medalla estaba engarzada a una cadena similar al cordón que tenía el foco colgado en el centro de nuestra cocina. Papá había llevado la medalla desde que yo tenía memoria. —¿Está usted seguro de que quiere dármela?

—Claro —respondió él—. Es tu regalo por aprobar el octavo grado—. Él se levantó lentamente y me abrazó. Observé que el collar había dejado un círculo blanco alrededor de su cuello, tostado por el sol.

—¡Es mejor que te vayas ya! —insistió Mamá, dándonos a Roberto y a mí un leve empujón. —Que Dios los bendiga—.

Roberto y yo llegamos a El Camino Junior High School unos cuantos minutos tarde. Corrí por el corredor buscando mi lugar en la fila. Mis compañeros de clase estaban ya esperando. Vi a Robert Lindsay y me puse frente a él. Estaba contento de ver que él llevaba también una camiseta porque la mayoría de los muchachos llevaban camisas blancas con cuello. Parecían pingüinos. El señor McEacheron, el entrenador de educación física, iba de un lado a otro del salón, tratando de evitar que hiciéramos demasiado ruido. Los padres y amigos se apiñaban impacientes alrededor de la cafetería, esperando que la ceremonia empezara. Tan pronto como escuchamos la música nos tranquilizamos y empezamos la procesión. Cuando entré en el auditorio, descubrí a Roberto entre el público. Me imaginé a Mamá y Papá sentados junto a él, con sus caras radiantes al ser yo llamado para recibir mi diploma.

Escaramuzas veraniegas

El verano posterior a la graduación de El Camino Junior High School fue muy parecido al de los años anteriores, excepto que yo era el único que acompañaba a mi papá a pizcar fresas para Ito. Roberto llegaba sólo los sábados y domingos porque él trabajaba a tiempo completo como conserje para el distrito escolar de Santa María. Yo esperaba ansiosamente los fines de semana, cuando mi hermano, Papá y yo trabajábamos juntos. Roberto y yo siempre encontrábamos manera de divertirnos. Nos apurábamos para ver quién podía pizcar más rápido y llenar más cajas. Él era un pizcador mucho más rápido que yo, de modo que yo perdía siempre, excepto cuando Papá me ayudaba. Siempre que Papá y yo pizcábamos lado a lado, él me pasaba puñados de fresas. Papá fingía no darse cuenta de nuestro juego, pero yo me figuraba que él sabía porque una vez, cuando yo llené mi caja antes que Roberto, él le lanzó una mirada furtiva a mi hermano y me hizo un guiño con el ojo.

Un día por la mañana yo inicié la guerra de las fresas. Había aprendido la definición de la palabra *skirmish*, la cual había añadido a mi libretita para memorizarla ese día. Estaba aburrido y cansado de pizcar de rodillas, así que me puse de pie para estirarme. Roberto estaba delante de mí, dos surcos más allá. No pude resistir aquel blanco perfecto. Agarré una fresa podrida, miré alrededor para asegurarme de que Papá no estaba mirando y se la tiré a Roberto. El pulposo proyectil se estrelló en su espalda, dejando una herida entre rojiza y purpúrea del tamaño de una pelota de béisbol. Mi hermano se volteó, asustado. Él supo que yo era el enemigo cuando me vio riendo disimuladamente. Levantó su puño cerrado frente a mí, dio la espalda y siguió pizcando.

Yo miré a Ito. Él tenía una mirada perpleja en la cara pero no dijo nada. "Espero que él no me haya visto", pensé. Continué trabajando y, para mantener mi mente ocupada, empecé a silbar melodías de *rock and roll* y a soñar despierto con Peggy y el Vets. Yo bailaba con ella una canción tras otra. De repente, sentí un golpe detrás de mi hombro derecho. Instintivamente, extendí hacia atrás mi mano izquierda y recogí rápidamente una fresa podrida. Me di la vuelta. Roberto estaba pizcando de rodillas detrás de mí, a cuatro surcos de distancia. Tenía agachada la cabeza, tratando de ocultar su sonrisa maliciosa. A la hora del almuerzo Roberto y yo nos pusimos nuestras chaquetas para ocultar las manchas de fresa.

Cuando llegamos a casa, nos quitamos rápidamente las camisas. Mamá vio las manchas, sacudió la cabeza y nos dirigió una mirada severa. Yo sabía que ella no se lo diría a Papá, porque no quería perturbarlo.

Esa noche, Ito iba a llegar a nuestra casa a entregarnos nuestros cheques con nuestro pago de la semana. Yo temía que él me hubiera visto tirar la fresa a Roberto y le dijera algo a Papá. Me encontraba terriblemente nervioso.

Anticipándonos a su visita, todos nos ocupamos de asegurar que la casa estuviera en orden. Roberto barrió y trapeó los pisos. Yo limpié la cocina. Trampita y Torito recogieron los papeles y la basura fuera de la casa que los perros habían sacado de los botes de basura y dispersado. Rorra iba detrás de ellos, asegurándose de que nada se les pasara por alto. Mamá hizo un montón de tortillas de harina y frijoles refritos para dárselos a Ito. Papá se mantenía sentado ante la mesa de la cocina, dando órdenes y repasando nuestros ahorros que él guardaba en una cajita metálica.

Ito llegó poco después que nosotros habíamos acabado nuestras tareas. Iba vestido de la manera usual, con pantalón y camisa caquis y con unos zapatos cafés. Su pelo oscuro y liso estaba peinado hacia atrás y su cara se veía lisa y brillante. Yo clavé mi mirada en todos sus movimientos y estuve pendiente de cada palabra que decía, tratando de ver si él estaba molesto conmigo. Él y Papá se estrecharon las manos y se saludaron, inclinando la cabeza. Ito se sentó presidiendo la mesa, sacó su chequera y la puso frente a él. Mamá le ofreció sus taquitos. —No, gracias, —dijo él en español, pero con un fuerte acento americano.

Hubo largos periodos de silencio porque Ito hablaba sólo inglés y Papá sólo español. Mamá, Roberto y yo les servíamos de intérpretes a ambos. Ito empezó a escribir tres cheques. Yo sabía que el cheque de Papá era por se-senta y cinco dólares, ya que a él le pagaban a un dólar la hora. Roberto y yo recibíamos ochenta y cinco centavos la hora, igual que los braceros. Ito le pagaba más a Papá que a nosotros porque Papá era mejor pizcador y también por-que había trabajado para Ito durante varios veranos. Papá se sentía una persona especial, y buscaba las maneras de mostrar a Ito su agradecimiento. Cuando llegaba la hora de dejar el trabajo al final del día, Papá se quedaba piz-cando durante otros diez o quince minutos aun cuando no recibía ningún pago por ese tiempo extra.

Cuando Ito terminó de hacer los cheques, se los en-tregó a Papá.

—Pregúntale si quiere algo para tomar —dijo Papá, in-clinando la cabeza y sonriendo.

—Papá preguntó si usted quiere algo para tomar —re-petí yo, en inglés.

—No, gracias, Don Francisco —dijo, haciendo una reverencia a Papá.

—Hice algunos taquitos para que usted se los lleve a la casa —dijo Mamá orgullosamente. Ella le entregó a Ito un paquete de tacos de frijoles refritos envueltos en papel encerado. Los ojos de Ito se iluminaron.

—A mi esposa y a mis hijos les encantan sus tacos —dijo.

—A Don Gabriel también le gustaban los taquitos de Mamá —dije yo—. ¿Se acuerda de él, señor Ito?

—Claro que lo recuerdo —respondió Ito—. Él trabajó para mí hace algunos años. Díaz, el contratista, quería perjudicarlo y lo mandó de regreso a México. Ito hizo una pausa, me miró directamente a los ojos y, elevando la voz, dijo: —Él era un hombre serio y buen trabajador. Yo agaché la cabeza. Ito miró su reloj y se disculpó. Papá y Mamá lo acompañaron a la puerta. Yo caminé detrás de ellos. Él se subió a su camioneta, se despidió con la mano y dijo, con una sofocada risita: —Tienes un buen brazo, Panchito. Yo me sonrojé y miré hacia otro lado.

—¿Qué fue lo que dijo? —preguntó Papá.

—Dijo que Panchito es buen trabajador —respondió Mamá, entrando a mi rescate.

Miré a Mamá y le sonreí tímidamente.

Durante los días de semana, Roberto y yo íbamos regularmente al basurero de la ciudad con Trampita y Torito para buscar tesoros desechados, como madera, pintura y juguetes rotos. En uno de nuestros viajes encontré una vieja copia del libro *Dr. Doolittle*. Yo intentaba leer cinco páginas cada noche, pero a menudo me sentía demasiado cansado para concentrarme y no lograba entender lo que leía. Otras veces mis hermanitos jugaban a *kick-the-can* frente a nuestra barraca y trataban de hacerme jugar con ellos pero yo me negaba porque Carlos, un buscapleitos, nunca permitía que mi amigo Manuelito jugara también.

Roberto no participaba en los juegos que hacían afuera los muchachos. Papá decía que él estaba muy grande para jugar a los deportes. De modo que él se dedicaba al cuidado de su carro. Lo mantenía siempre limpiecito y brillante.

A veces Trampita y yo observábamos a los renacuajos y a los pececillos en un embalse cercano. A Trampita se le ocurrió un día un plan para capturar peces y venderlos a cinco centavos cada uno a los muchachos de nuestra vecindad. Nos tomó varias noches, después del trabajo, para terminar el proyecto. El primer día hicimos un viaje al basurero de la ciudad para buscar un frasco para poner los peces y materiales para construir un puestecito de venta. Encontramos unas viejas tablas astilladas de dos por cuatro y algunos cartones. La siguiente noche comenzamos la construcción bajo la mirada vigilante de Carlos y sus dos amigos, que se la pasaban jugando todo el día. Ellos parecían estar fascinados por nuestra habilidad. Nosotros limpiamos la madera, sacándole viejos clavos oxidados y frotando las tablas entre sí para alisar las astillas. El tercer día Roberto nos ayudó a construir el puestecito. Luego lo cubrimos con cartón y colgamos un anuncio que decía: PECESDORADOS, 5¢ CADA UNO.

El siguiente paso era atrapar los peces. Nos dirigimos caminando al embalse, que parecía una colina seca y pelona. Se encontraba en el borde de la carretera de dos carriles que iba a Santa María, aproximadamente a un cuarto de milla del Rancho Bonetti. Un viejo y solitario árbol de pimiento hacía guardia junto a él. Sus ramas más bajas se inclinaban hacia el suelo, dobladas por el peso de los niños que se colgaban de ellas, jugando a los vaqueros y los indios. Trampita arrancó dos de sus ramas y me entregó una. Llevando la rama en una mano y una lata vacía de café y un frasco en la otra, retrocedimos unas cuantas yardas de la base del embalse para ganar vuelo y subir corriendo hasta la cima, que tenía un ancho de unos cinco pies en todo su derredor. Nos quitamos los zapatos, nos remangamos los pantalones y cuidadosamente nos deslizamos por el cráter hasta llegar al borde del agua. Usando nuestras ramas, apartamos las algas y quitamos las botellas de cerveza vacías, latas aplastadas y papeles. Arrojamos pedacitos de tortillas tratando de atraer a los pececitos grises y dorados que se escondían bajo las oscuras aguas. Centenares de renacuajos pululaban alrededor, pero no se veían peces. Esperamos y esperamos. Nada.

Esa noche volvimos a casa con las manos vacías y desanimados, pero no nos dimos por vencidos. Al siguiente día regresamos al mismo lugar. Regamos el área despejada con pedacitos de tortilla fresca y esperamos. Yo besé mi medalla de San Cristóbal. El croar de las ranas rompió el silencio y al cabo de algunos segundos el claro se llenó de un enjambre de renacuajos seguidos por un par de peces dorados. Sentí que mi corazón latía cada vez más de prisa. Metí suavemente la lata en el agua y la saqué rápidamente, capturando a uno de los peces y a varios renacuajos. —¡Agarré uno! —grité. Trampita llegó corriendo y emocionado. Metió su mano en la lata, agarró cuidadosamente al pequeñito pez dorado y lo metió dentro del frasco. Manteniendo fijo el recipiente, subimos de nuevo hasta la cima y lo pusimos en el suelo. Nos acostamos boca abajo, el uno frente al otro, con el frasco ante nuestros ojos, y observamos al pececillo nadando de arriba a abajo y de un lado a otro. La cara de mi hermano se veía gigantesca. Abría y cerraba los labios rápidamente, fingiendo que era un pez, y se reía ahogadamente. Yo le sacaba la lengua y le hacía muecas. Los dos estallamos en carcajadas.

—Sería mejor agarrar algunos más antes de que oscurezca —dije, todavía riéndome. Regresamos, atrapamos nueve peces más y volvimos a casa brincando y silbando. Al llegar al Rancho Bonetti y dar vuelta a la esquina, nos encontramos con Carlos y sus amigos. Ellos estaban de pie detrás de una caja grande de madera frente a una barraca vacía. En la pared detrás del puesto había un letrero: PECESDORADOS, 2 POR 5¢.

A partir de ese día, me dediqué a pasar más tiempo en mi casa, batallando con la lectura de Dr. Doolittle.

Hacia el final del verano, cuando la temporada cumbre de la cosecha de fresas había pasado y el trabajo era escaso, Ito nos dio libres la tarde de los sábados. Papá aprovechó una de esas tardes para probar sus nuevas tijeras de peluquero en mis hermanos y en mí. Las encontró, viejas y oxidadas, en el basurero municipal. El asa derecha estaba quebrada y le faltaban algunos dientes. Papá la aceitó e instaló su peluquería en el tejabán, usando como silla una inestable caja de madera.

Yo fui su primer cliente. Me desnudé hasta la cintura y me subí en la caja. Papá empezó a cortar con su nueva herramienta. Mientras tijereteaba, el pelo caía sobre mis hombros, pinchándome como agujas. Yo me retorcía y me lo quitaba de encima. La caja crujía. Me moví de nuevo. Papá apartó las tijeras de mí rápidamente y gritó: —¡No te muevas! Pero ya era tarde. Un rollo de pelo cayó sobre mi regazo. Quise entonces tocarme la muesca. —¡Te dije que te estuvieras quieto! —gritó Papá otra vez, dándome una palmada en la mano—. Empleando su mano izquierda como un torno de banco, él mantenía inmóvil mi cabeza y tijereteaba con la derecha. Mientras cortaba, él ponía más y más presión en su mano izquierda, haciendo girar mi cuello hacia la derecha. Sentí como si estuviera tratando de empujarme hacia el suelo. Intenté enderezarme, empujando la mano de Papá. La caja crujió. Otro montón de pelo rodó sobre mi hombro. Mis ojos se llenaron de lágrimas. Apreté los dientes con fuerza y empuñé las manos hasta que todo hubo pasado. Me bajé del cajón, corrí a la recámara y tomé un espejo de mano. Lentamente escudriñé mi cara, limpiando los mechones de pelo que me cubrían la barbilla y la nariz. Mientras elevaba el espejo hacia mi frente, cerré los ojos, recé una silenciosa plegaria y los abrí rápidamente. Me sobresalté. Mi copete había desaparecido. Tenía pequeños flequillos y muescas a ambos lados. Me veía como los perros callejeros y sarnosos que poblaban el Rancho Bonetti. Quería reclamarle a gritos a Papá, pero sabía que no podía. Sería peor. Me quejé con Mamá.

—No te ves tan mal, mijo —dijo ella tiernamente—. En dos semanas, el pelo te habrá crecido de nuevo. Ella tomó mi cachucha y me la puso. —Ahí está, te miras perfectamente —agregó sonríendose.

Sabía que Mamá no lo decía en serio porque ella le compró a Papá un nuevo juego de tijeras en la tienda *Goodwill* la semana siguiente. Yo anduve con la cachucha puesta todo el tiempo durante varias semanas, y sólo me la quitaba para dormir. Dejé de ir con Roberto a los bailes del Vets durante todo el resto del verano.

Hacerse Santo

Yo casi no podía contener mi alegría. Era domingo tres de septiembre, el último día de trabajo antes de empezar las clases. Al día siguiente empezaría yo mi primer año en Santa María High School asistiendo a clases desde el primer día. No tendría que mudarme a Fresno a pizcar uvas y algodón ni perder las clases durante dos meses y medio. Sentí mis hombros livianos, aunque estaba cansado.

—Nunca te he visto tan alegre, mijo —me dijo Mamá cuando llegamos a casa del trabajo.

—Está emocionado porque va a ir en carro conmigo a la escuela —dijo Roberto, palmoteándome en la espalda.

Mi hermano iba a entrar a su tercer año. Se debió haber graduado el año anterior pero, al igual que yo, tuvo que repetir el primer grado porque no hablaba el inglés lo suficientemente bien. Se atrasó otro año porque faltaba demasiado a clase. Cada año, por nueve años, él empezaba a asistir a las clases en enero, cuando había pasado la temporada del algodón.

—Pizcó tanto como yo durante todo el día —dijo Roberto—. No podía creerlo. ¿Qué le puso en sus tacos?

—Lo mismo que puse en los tuyos —respondió Mamá, riendo juguetonamente—. Puros frijoles.

—Con razón —dijo Roberto riendo—. Los frijoles le dieron mucho gas.

Esa noche traté de leer algunas páginas más de *Dr. Dolittle*, pero no pude concentrarme. Hice a un lado el libro y puse sobre la cama las ropas que llevaría a la escuela: un nuevo par de pantalones de corduroy de color marrón amarillento, una camiseta blanca y un chaleco café claro sin mangas con botones negros. Roberto me sugirió que llevara blue jeans, porque eso es lo que llevaba la mayoría de los muchachos en la secundaria, pero yo no quería llevar el mismo tipo de pantalones que usaba para trabajar. Me di un baño y me restregué las manos con blanqueador para quitarme las manchas de fresas. Yo silbaba y cantaba, olvidándome de que mis hermanos tenían que bañarse también. —¿Te quedaste atorado ahí? —gritó Roberto, golpeando varias veces en la puerta del tejabán. Salí rápidamente de la tina, me sequé y me puse la ropa interior y los pantalones. —Ya era hora, Panchito, —dijo mi hermano cuando pasé junto a él. Tus manos parecen ciruelas pasas.

A la mañana siguiente me levanté muy temprano para tener tiempo de alistarme para la escuela. Llevaba mi medalla de San Cristóbal fuera de la camiseta para lucirla. Papá pasó junto a mí sin decirme nada y salió a calentar el motor del DeSoto para ir al trabajo. Se miraba cansado y triste. Sus ojeras estaban más oscuras que de costumbre y ni siquiera se había afeitado. Desayunó muy poco. Agarró la lonchera negra, nos lanzó una mirada a Roberto y a mí y luego se marchó. —¿Qué le pasa a Papá? —pregunté yo—. No lo he visto tan triste en todo este verano.

—Él está de muy mal humor, mijo —dijo Mamá—. Está peor que nunca desde que nuestros acres de fresa se arruinaron. Ustedes saben eso. Se quejó toda la noche de su dolor de espalda y se tomó varias aspirinas pero no le ayudaron. Él también está molesto porque ustedes los muchachos no van a ir a trabajar con él. Detesta trabajar solo.

—A veces pienso que a él no le gusta que vayamos a la escuela —dije yo.

—Oh, claro que le gusta, Panchito —dijo Mamá—. ¿Por qué dices eso?

—La otra noche, cuando yo estaba leyendo *Dr. Dolittle*, Papá me preguntó por qué a mi me gustaba tanto la escuela. Yo le dije que me gustaba aprender y que yo quería ser maestro. ¿Y saben lo que me dijo?

—¿Qué? —preguntó Roberto.

—Dijo: "No seas estúpido. Solamente los ricos llegan a ser maestros". Él se alejó antes de que yo tuviera tiempo de decirle nada. Me hizo sentirme realmente furioso.

—Me alegro de que no le hayas dicho nada —dijo Roberto—. Cuando está de mal humor, es mejor no hablar con él.

—Tal vez te estaba tanteando —dijo Mamá—. A veces él dice las cosas con el fin de hacerte pensar. Tú sabes cómo es él.

—Bueno, la verdad es que me puso furioso —repetí.

—Oye, es mejor que nos vayamos. Se está haciendo tarde —dijo Roberto, echándole un vistazo a su reloj. Mientras viajaba en el carro con mi hermano camino a Santa María High School, me sentía igual que cuando había comenzado el primer grado: entusiasmado pero nervioso. Observaba los reflejos del Buick verde de 1953 de Roberto en los escaparates de las tiendas frente a las que pasábamos. El carro parecía un pez en una pecera. Unas veces parecía grande y largo, y otras veces se veía pequeño y estrujado. Recordé haber recorrido esa misma ruta el año anterior, en el carro de la Patrulla Fronteriza, cuando nos dirigíamos a recoger a Roberto. "Muchas cosas nos sucedieron en menos de un año", pensé. ¿Cómo irá a ser este año?

Roberto estacionó el carro en el estacionamiento para los estudiantes, detrás del gimnasio, cerca del campo de fútbol. El lote se estaba llenando rápidamente de carros que parecían grandes insectos. Algunos tenían el frente hundido y estaban pintados en brillantes colores metálicos como rojo caramelo de manzana y estaban tapizados de blanco o de negro. Seguí a otros estudiantes de primer año que se dirigían al Gimnasio Wilson, el cual hedía a calcetines sucios. Yo nunca había visto tantos estudiantes juntos. Nosotros llenamos las gradas a ambos lados del gimnasio. Del techo colgaba un banderín rojo y blanco con el lema de la escuela: "Entrar para Aprender, Salir para Servir". El director nos dio información acerca de la escuela y de nuestro programa de clases. Nos presentó luego al presidente del cuerpo estudiantil, quien nos dio la bienvenida y nos dijo que el patrón de nuestra escuela era un santo. Nos informó que llevaríamos el nombre de Los Santos de la Clase de 1962 de Santa María High School. A mí me gustó cómo sonaba aquello y sabía que a Mamá le gustaría también. Además nos dijeron que las clases empezarían oficialmente al día siguiente y que deberíamos reunirnos con nuestro consejero para discutir nuestro plan de estudios.

Después de la reunión pregunté dónde quedaba el edificio de la administración y me apresuré a ver a mi consejero, el señor Kinkade. Corrí a través del campus, observando muchos edificios viejos con techos de tejas rojas. Ellos me recordaron a ciertas casas que había en Tlaquepaque, el pueblecito de México donde yo nací. En la parte más vieja del campus había corredores embaldosados con arcos que daban hacia un patio grande con bellos jardines que conectaban los edificios. La oficina de mi consejero se encontraba en el viejo edificio principal de la administración, cerca de la oficina de asistencia. Para llegar a ella tuve que atravesar uno de los largos corredores.

El señor Kinkade estaba sentado detrás de su escritorio, el cual estaba atestado de carpetas y papeles. Detrás de él había un librero alto de color castaño oscuro lleno de gruesas carpetas y libros. A su izquierda había una ventana que daba al patio. Él estaba vestido con un traje gris y una corbata color azul claro. Sus espesos cabellos estaban llenos de canas y peinados hacia atrás. Después de presentarse, tomó una carpeta en que estaba escrito mi nombre y dijo: —Veo que te graduaste de El Camino Junior High School. ¿Has pensado en lo que te gustaría ser al terminar el bachillerato? Antes de que yo tuviera oportunidad de responderle, agregó: —Tenemos excelentes programas vocacionales en mecánica automotriz, electrónica y carpintería. También tenemos un programa para futuros granjeros.

—Me gustaría ser maestro —le respondí, pensando en el señor Lema, mi maestro de sexto grado. Él me había ayudado con mi inglés durante las horas de almuerzo cuando yo iba muy atrasado en mis clases por haber faltado muchas semanas a la escuela.

—Oh, ya veo —dijo él, enderezándose e inclinándose hacia delante—. De manera que piensas ir a la universidad.

—¿La universidad?

—Sí, la universidad —dijo él, con aire divertido—. Necesitas ir a la universidad para poder ser maestro. Son cinco años de estudio después de la secundaria. Puede resultar caro.

"Quizás esto es lo que quiso decir Papá cuando me dijo que sólo los ricos pueden llegar a ser maestros", pensé.

—Pero —agregó él rápidamente— si obtienes excelentes calificaciones puedes conseguir becas.

—¿Becas? —yo no sabía el significado de la palabra.

—Son regalos de dinero que se les dan a los estudiantes con notas excelentes para que asistan a la universidad.

Mis ánimos se levantaron. —¿De modo que, si obtengo buenas notas, puedo conseguir dinero gratis para ir a la universidad? Yo quería asegurarme de que lo había oído bien.

—Correcto —dijo—. Abrió la carpeta y recorrió la página con el dedo índice de arriba hacia abajo. —Veo que tienes buenas notas, especialmente en matemáticas, pero tus notas de inglés no son tan buenas.

—Yo sé —dije un poco avergonzado—. Pero estoy trabajando en eso.

—Muy bien. Ahora veamos qué tenemos aquí —dijo él, mirando mi plan de clases. Vamos a reemplazar la clase de carpintería por mecanografía, y ponerte en una clase de álgebra. Él me pasó el plan modificado y me dijo: —Ya estás listo.

—Muchísimas gracias —le dije, estrechándole la mano. Salí de su oficina sintiéndome menos nervioso en cuanto a la escuela y más emocionado que nunca.

Al día siguiente, cuando llegué a mi clase de educación física, me sorprendió ver a mi maestro vestido de *shorts* rojos. "Los hombres no usan *shorts*", me dije. Él también vestía una camiseta blanca y zapatos tenis blancos. Era bajo y delgado y llevaba el pelo cortado al rape. De su cuello colgaba un pito, que usaba para llamar nuestra atención en lugar de llamarnos por nuestros nombres. Hacía énfasis en que fuéramos puntuales y nos trajeáramos adecuadamente. Trajearse adecuadamente significaba tener que comprar un uniforme como el suyo y usarlo siempre para la clase de educación física todos los días. Yo detestaba usar *shorts* tanto como me había disgustado usar tirantes cuando estaba en la escuela primaria. Pero no tenía alternativa. Si no nos trajeábamos como era debido, perderíamos puntos, lo cual perjudicaba nuestra nota.

El entrenador nos llevó al cuarto de los *lockers*, asignándonos un *locker* para nuestras ropas de gimnasia y mostrándonos el cuarto de baño. Nos informó que al final de cada periodo de clase teníamos que bañarnos. Todo mundo se quejó, excepto yo. Estaba emocionado. Roberto me había contado lo fantástico que era bañarse en la escuela. Él inclusive llevaba su propio jabón. Yo decidí llevar también mi propio jabón. Esta parte compensaba el tener que vestirme de *shorts*.

Mi última clase en la mañana era mecanografía. El salón de la clase estaba en el lado sur de la escuela. Pequeñas ventanas enmarcadas cubrían la pared frente a la calle Broadway y en la pared opuesta colgaban largos y angostos pizarrones. Había varias filas de mesas con máquinas de escribir, colocadas a tres pies de distancia entre una y otra.

En contraste con mi entrenador de educación física, el maestro de mecanografía iba bien vestido. Usaba un traje azul con solapas anchas y una corbata a rayas blanca y azul, y llevaba un anillo de oro en el dedo meñique de su mano derecha. Caminaba de un lado a otro en frente de la clase, explicándonos lo que él esperaba de nosotros. —En esta clase ustedes no sólo van a aprender mecanografía, —dijo—, sino que también van a aprender a ser rápidos y exactos. Su nota se basará en la rapidez y exactitud. Yo les sugeriría que practicaran la mecanografía en casa o que vinieran aquí después de las clases. "¿Cómo voy a practicar?" pensaba yo. "En casa no tenemos máquina de escribir, y yo tengo que trabajar después de las clases". Me pasé el resto de las clases preocupado, pensando en la clase de mecanografía.

A mí me gustaban mis clases de estudios sociales y de álgebra por las tardes. La señora Dorothy Taylor, mi maestra de estudios sociales, era una mujer pequeña y delgada con cabellos cortos y rizados y ojos de color celeste. Usaba mucho maquillaje. Después de hablarnos respecto a la clase, nos mostró una película en blanco y negro acerca de un adolescente que discute con su padre. El muchacho quiere salir con sus amigos en una noche escolar pero el padre no quiere dejarlo. El padre recoge los libros de su hijo, se los entrega bruscamente y le dice que se vaya a estudiar a su cuarto. El hijo arroja los libros al suelo, corre a su cuarto y se encierra en él, dando un portazo. La señora Taylor se movía rápidamente alrededor del aula, como un mosquito, animándonos a que habláramos sobre la película. La clase pensaba que el hijo hacía mal en tirar los libros, pero ellos coincidían en que él hacía bien en discutir con su padre. A mí me pareció que eso era extraño, porque en casa se nos enseñaba que era falta de respeto discutir con nuestros padres, y especialmente con Papá. Si nosotros discrepábamos de Papá, nos callábamos nuestra opinión. Yo no dije nada en la clase, pero me quedé pensando mucho tiempo en eso.

Me dirigí a mi clase de álgebra, que era mi último periodo. Iba lleno de confianza, porque siempre me había desempeñado bien en matemáticas. Mi maestro, el señor Ivan Coe, era un hombre alto y delgado. Sus pequeños ojos castaños lanzaban alrededor del aula miradas que parecían dardos y caminaba con breves pasos rápidos, como un pato. Nos dijo que tenía excelente memoria y que podría demostrarlo pasando la lista y llamándonos luego por nuestros nombres sin tener que volver a mirarla. Luego nos pidió que le diéramos números de dos dígitos del once al veinte para que los multiplicara mentalmente. Él disparaba las respuestas al instante, sin cometer ningún error. Al igual que el maestro de mecanografía, el señor Coe dijo que valoraría, al calificarnos, nuestra rapidez y exactitud. Nos prometió darnos pruebas sorpresivas una vez por semana y devolvernos los resultados al día siguiente. A manera de ejemplo, nos hizo un examen de matemáticas de quince minutos y nos hizo que lo corrigiéramos en la clase. Yo salí bien. Después de la clase, decidí escribir tablas de multiplicación de dos dígitos en el reverso de unas postales y memorizarlas mientras trabajaba. Yo quería ser tan bueno como el señor Coe.

Los pies descalzos

La clase en que pensé que sería más fácil sacar buenas notas, educación física, resultó ser una de las más difíciles. Yo me estaba preparando para la prueba de aptitud física al final del trimestre, haciendo fondos, flexiones, pulsos y escalando cuerdas, dando carreras y levantando pesas. Todo iba bien, hasta el día en que aquello ocurrió.

Aquella mañana yo iba corriendo porque me había retrasado unos cuantos minutos. Cuando llegué al cuarto de los *lockers,* mis compañeros de clase estaban ya poniéndose su ropa de gimnasia. Llevaba tanta prisa que ni siquiera me molestó el hedor de calcetines sucios ni de camisetas sudadas. Me precipité a mi *locker,* abriéndome paso con los codos, entre mis compañeros, y empecé a abrir el candado con una mano, mientras con la otra me desabotonaba la camisa. Desenganché el candado, abrí la puerta, agarré rápidamente mis ropas de gimnasia y descubrí que mis zapatos tenis habían desaparecido. Revisé adentro de nuevo. Nada. Me puse los *shorts* y la camiseta y corrí hacia fuera, a formarme en fila con el resto de la clase. El entrenador sopló su pito. —Llegas tarde, —me gritó mirándome de arriba a abajo—. ¿Por qué no llevas puestos tus zapatos tenis?

—No pude encontrarlos, Entrenador —le respondí, conteniendo las lágrimas—. Desaparecieron de mi *locker*.

—Bueno, es mejor que los halles. Te costará cinco puntos cada vez que no estés enteramente trajeado.

Al terminar la clase, verifiqué nuevamente en mi *locker* y busqué en todos los rincones del cuarto. Estaba de mala suerte. Ese día ni siquiera disfruté de un baño ni de la asistencia a las clases. Cuando regresé a casa esa noche después del trabajo, les conté a Papá y a Mamá lo que había pasado. —Tal vez te quitaste los zapatos y no los pusiste de nuevo en el *locker*, —dijo Mamá.

—No. Estoy seguro de que sí los puse.

—Tal vez no lo hiciste, y alguien los recogió —dijo Roberto. ¿Buscaste en la sección de artículos perdidos y encontrados?

—Sí, yo busqué en todas partes.

—Bueno, si no puedes encontrarlos, tendremos que comprarte un par nuevo —dijo Mamá.

—Pero eso no será antes de finales de la próxima semana, cuando Roberto reciba su paga —añadió Papá, mordiéndose el labio inferior.

Mi corazón se hundió. "Adiós a las buenas notas", pensé. Salí de la casa, me paré bajo el árbol de pimiento que estaba cerca del excusado y lloré silenciosamente.

No me vestí para la clase de educación física durante unos cuantos días. Entonces una noche, cuando Roberto y yo regresábamos a casa del trabajo, Trampita y Torito se me acercaron corriendo. Trampita se reía disimuladamente y escondía algo detrás de su espalda. —¡Mira lo que encontramos! —exclamó, levantando delante de mí un par de zapatos tenis manchados y gastados.

—Los hallamos en el basurero, —dijo Torito con orgullo.

Yo me los probé lleno de emoción, apartando la cara de ellos para evitar el mal olor. —Son demasiado grandes, —dije decepcionado.

—Póntelos con dos pares de calcetines —dijo Mamá—. Te quedarán mejor.

Fui al buró y saqué el par de calcetines más gruesos que pude encontrar y me los puse. Luego me volví a poner los zapatos tenis y di algunos pasos alrededor de la cocina. —Todavía me quedan un poco flojos, pero se sienten mejor, —dije. Trampita y Torito se alegraron.

Empapé un trapo viejo en una olla de agua caliente y fregué los zapatos para limpiarlos. El vapor hacía que olieran más feo y, cuando terminé, estaban más grises que blancos. Los puse sobre las gradas de la puerta de afuera para que se airearan y se secaran. A la mañana siguiente, estaba formado en la fila mientras pasaban lista. Me sentía contento de que ya no perdería otros cinco puntos.

Al cabo de unos cuantos días, empecé a sentir comezón en los pies. Se lo dije al entrenador y me dijo que yo podría tener quizás pie de atleta. Pensé que era un elogio, hasta que descubrí lo que eso significaba realmente. Me quité las dos capas de calcetines y descubrí que tenía áreas rajadas, peladas y ampolladas entre los dedos de los pies. Eso duró mucho tiempo, aún después de que conseguí un nuevo par de zapatos tenis. Terminé sacándome una C en educación física ese trimestre.

Un ascenso

Durante el otoño, la depresión de Papá se empeoró. El trabajo en el campo era escaso, y cuando finalmente él encontró un trabajo desahijando lechuga, duró sólo unos pocos días debido a su dolor de espalda. Él usaba un cinturón ancho como refuerzo y, cuando ya no podía agacharse, trabajaba de rodillas hasta que su espalda cedió por completo. El pago de Roberto en su trabajo de tiempo parcial como conserje y nuestras ganancias trabajando en el campo los fines de semana no eran suficientes para mantenernos. Roberto recibía su pago quincenalmente y cada dos semanas Mamá tenía que recortar los gastos en provisiones. De vez en cuando Papá realizaba algún trabajo liviano para Bonetti, el dueño del rancho, para ayudarse a pagar la renta, pero a medida que pasaba el tiempo nos atrasábamos más y más en las mensualidades. —Es una desgracia no pagar la renta a tiempo, —dijo Papá una noche mientras abría nuestra caja de metal vacía—. Es una vergüenza. Él golpeó su puño contra la mesa de la cocina. Un vaso saltó, chocó contra el suelo y se quebró. Trampita y Torito se asustaron y salieron corriendo de la casa.

—Cálmese, viejo —dijo Mamá. Mirándose preocupada, ella se secó las manos en el delantal y las puso sobre los hombros de Papá.

—¿Cómo fregados voy a hacerlo? —dijo rehuyendo las manos de ella—. Ésta es una vida de perros. Mejor dicho, es peor. Los perros por lo menos pueden salir a buscar su comida y yo ni siquiera puedo hacer eso. Él se levantó lentamente de la mesa y se dirigió hacia su cuarto caminando con dificultad. Mamá nos lanzó una mirada adolorida, sacudió la cabeza y lo siguió, tratando de consolarlo.

—Tengo que conseguir un trabajo extra —dijo Roberto, hundiéndose en su silla y bajando la cabeza—. Yo no sé qué otra cosa puedo hacer.

—¿No puedes conseguirle a Papá un empleo donde tú trabajas? —le pregunté—. Yo les podría ayudar a ustedes dos después de clase.

—Ya lo he intentado. El señor Sims me dijo que ellos tienen ya un conserje de tiempo completo y a mí.

Como de costumbre, al final del día escolar, Roberto y yo nos encontramos en el estacionamiento y nos dirigimos hacia Main Street Elementary School. Íbamos en el carro por Broadway, pasando al lado de estudiantes que llenaban las aceras como vistosas hormigas en un desfile. Unas cuantas parejas se paseaban cogidas de la mano, hablando y riéndose. Cuando dábamos la vuelta en la esquina hacia Main Street, Roberto dio un giro cerrado y se estacionó junto a una camioneta vieja y amarilla que tenía en sus costados un letrero que decía *Santa María Windows Cleaners*. —Yo he visto antes a ese tipo, —dijo Roberto, señalando a un hombre que recién terminaba de lavar las ventanas exteriores de *Kress*, la tienda de cinco y diez centavos. El hombre metió el enjugador de goma y el paño en el bolsillo posterior de su pantalón, recogió el balde y la escoba y se dirigió hacia la camioneta. Era un hombre bajo y fornido, vestido de pantalones caqui y una camisa de manga corta, parcialmente desfajada.

—Hola —dijo mi hermano nerviosamente, mientras el hombre cargaba su equipo en la parte trasera de la camioneta. —Mi nombre es Roberto.

—Yo me llamo Mike Nevel —dijo el hombre con una voz ronca y profunda.

—Quisiera saber si... ¿no necesita usted algún ayudante? —preguntó Roberto. El hombre escupió sobre la acera y se ajustó sus pantalones manchados.

—¿Quieres decir que si yo quiero contratar a alguien?

—Sí —respondió Roberto.

—Podría darle trabajo a un ayudante de tiempo parcial. ¿Tienes alguna experiencia?

—Oh, no es para mí —contestó Roberto—. Es para mi papá. Él necesita un empleo.

—¿Ha hecho alguna vez trabajo de limpieza?

—No, pero él es un buen trabajador.

—Bueno, tendría que verlo y conversar con él.

—Él no habla inglés —dije yo. —Sólo español.

—No me sirve. En este negocio necesito a alguien que sepa hablar inglés y que tenga experiencia. ¿No quieres ser tú?

—Mi hermano ya tiene un empleo —dije—. Yo tengo experiencia. He estado ayudándole a él a limpiar Main Street Elementary School.

—Tu estás muy pequeño, —dijo él, mirándome de arriba abajo y riéndose maliciosamente. Se volteó hacia Roberto y continuó: —Así que tú tienes experiencia en Main Street Elementary School...

—Soy conserje de tiempo parcial ahí —dijo Roberto.

—¿Y los fines de semana? ¿Trabajas ahí los fines de semana?

—No, sólo de lunes a viernes.

—¿Qué te parecería trabajar para mí los fines de semana? Te pagaría un dólar y veinticinco centavos la hora.

—Bien —respondió Roberto inmediatamente.

—¿Y yo qué? —pregunté—. Yo puedo trabajar con él.

—Puedes ayudarle si quieres, pero a ti no puedo pagarte. Cuando vio nuestras expresiones de abatimiento, agregó rápidamente. —Muy bien, si él da buen resultado yo le pagaré. Pero sólo si da buen resultado.

—No hay duda. Lo logré —dije lleno de confianza.

Durante las siguientes cuatro semanas, Roberto y yo trabajamos con Mike Nevel, limpiando oficinas y lavando ventanas. El primer día, Mike trabajó muy de cerca con nosotros, mostrándonos qué cosa íbamos a limpiar y observando cómo trabajábamos. Roberto me enseñó cómo usar la máquina fregadora de pisos. Me dio muchas dificultades aprender a controlarla. Afortunadamente, la máquina tenía una banda de goma alrededor de su base y cada vez que yo chocaba contra la base de una pared la máquina rebotaba, dándome en protesta una ligera sacudida. Eventualmente, Mike Nevel dejó que Roberto y yo hiciéramos el trabajo sin su ayuda. Cada sábado y domingo, mi hermano y yo íbamos en carro a la casa de Mike Nevel en West Donovan para recoger las llaves de la camioneta.

Un sábado por la noche, cuando llegamos a devolver la camioneta, Mike Nevel nos invitó a entrar a su casa. Nos presentó a su esposa, una mujer bajita y amistosa que también tenía una voz ronca. Roberto y yo nos sentamos en un sofá grande frente a Mike, quien se sentó en una silla reclinable. Su esposa se sentó cerca de él en una silla sofá que hacía juego. Fumaba un cigarrillo.

—¿Cómo van las cosas? —preguntó Mike, encendiendo un puro fumado parcialmente.

—Bien —respondimos nosotros al mismo tiempo. Roberto se metió la mano en la bolsa y sacó un aro lleno de llaves y se las entregó a Mike.

—No, guárdatelas tú —dijo Mike—. Yo tengo un juego extra. Roberto y yo nos miramos mutuamente y sonreímos. Mike puso su silla reclinable en posición de sentarse, exhaló una bocanada de humo y me dijo: —Me estoy poniendo demasiado viejo y estoy cansado de trabajar por las noches durante la semana. ¿Qué tal te parecería sustituirme?

—¡Seguro que sí! —respondí emocionado.

—Limpiarás unos cuantos de los mismos lugares que tú y Roberto han estado limpiando los fines de semana: la compañía de gas, la empresa de ahorro y préstamo y *Betty´s Fabrics* todos los días y *Twitchel and Twitchel,* una oficina de abogados, una vez por semana, los días miércoles. No tendrás que limpiar y encerar los pisos o que lavar las ventanas. Ustedes continuarán haciendo eso los fines de semana.

Roberto y yo le dimos las gracias y regresamos a casa emocionados. "Papá va a estar orgulloso de nosotros", pensé.

Papá se sintió feliz cuando Roberto y yo le contamos sobre mi nuevo trabajo, pero su buen humor no duró mucho. Ese sábado por la noche él se enojó con Roberto y conmigo porque regresamos del cine a la casa pasada la medianoche. —No crean que sólo porque me dan sus cheques de pago ustedes pueden hacer lo que quieran, —dijo él con firmeza.

—Pero sólo nos retrasamos unos cuantos minutos —dije yo, recordando la discusión que tuvimos en la clase de la señora Taylor sobre la película en que un niño discute con su padre.

—¡No te atrevas a replicarme! —dijo él, levantando la voz—. Todavía soy el hombre que manda en esta casa. ¡Ustedes deben obedecerme y respetarme o de lo contrario ya verán!

Roberto y yo nos fuimos a nuestro cuarto, rezamos nuestras oraciones y nos acostamos. Mientras yacía en la cama pensé en la suerte que tenía de poder ir a la escuela y contar con un trabajo. A mí no me agradaba estar en la casa cuando Papá estaba de mal humor.

Todo el día lunes me la pasé emocionado, esperando el momento de empezar en mi nuevo trabajo. Después de mi última clase, me dirigí a la biblioteca pública en Broadway, donde hice mis tareas escolares. A las cinco en punto, cuando cerraron las oficinas, caminé unas cuantas cuadras más hasta la compañía de gas, la cual estaba en West Main Street. Era un edificio enorme con una oficina al frente que conectaba con una estructura trasera enorme de dos pisos. Al abrir la puerta de la entrada posterior, me golpeó el rostro una oleada de aire tibio. El ambiente se sentía seguro y confortable. Me dirigí al cuarto del conserje, saqué el carrito de limpieza y empecé a limpiar las oficinas del primer piso. Vacié las papeleras y sacudí el polvo de los escritorios, sobre los cuales había diversos papeles apilados. Se parecía al escritorio de mi consejero escolar en la secundaria. Limpié los ceniceros con un trapo húmedo y coloqué los papeles en orden.

Luego subí por las escaleras al segundo piso. Era un cuarto grande arreglado como un auditorio. En frente del cuarto había una espaciosa cocina. Encima de la estufa había un espejo, colocado de tal modo que las personas sentadas entre el público pudieran ver la parte superior de la cocina. Sobre el mostrador había un plato de galletas con un letrero escrito a mano que decía: SÍRVASE, POR FAVOR. Al siguiente día, el plato de galletas aún estaba ahí. Nadie lo había tocado. Al llegar el fin de semana, alguien había cambiado el letrero. Ahora decía: CONSERJE: POR FAVOR, SÍRVASE. Después que terminé de limpiar los excusados y barrer el polvo del piso, tomé un puñado de galletas y bajé las escaleras.

Me senté en uno de los escritorios para hacer mis tareas escolares. Leí los dos primeros capítulos de mi libro de inglés, titulado *Myths and Their Meaning*. Me costó mucho entenderlos. Aparté el libro, me comí algunas galletas más y me puse a pensar en lo que haría durante todo el día la persona que se sentaba en aquel escritorio. "Debe ser bonito trabajar en una oficina", pensé. Me fijé en un marco de fotografía que estaba parcialmente escondido tras una pila de carpetas y lo tomé. Era una foto a colores de un niño vestido con uniforme de fútbol y un hombre de pie junto a él, sonriendo orgullosamente y rodeando al niño con el brazo. Me imaginé que aquel era el papá del niño. Coloqué la foto delante de la pila de papeles y leí de nuevo el primer capítulo hasta que llegó Roberto a recogerme para llevarme a casa.

Una máquina de escribir

A mediados del semestre, mi velocidad en la mecanografía había mejorado, pero no mi exactitud. El maestro nos daba exámenes semanales de mecanografía. Él proyectaba en una pantalla palabras que desaparecían con la velocidad de un parpadeo y nosotros teníamos que copiarlas a ese mismo ritmo. Yo logré mantener el paso pero cuando él complicó el ejercicio presentando breves oraciones completas comencé a equivocarme. Para recibir una A en el curso, tenía que escribir cincuenta y cinco palabras por minuto sin cometer errores. Necesitaba practicar más la mecanografía. Encontré la respuesta a mi problema en una oficina de abogados.

Un miércoles por la noche, después que terminé de limpiar la compañía de gas, me dirigí a hacer lo mismo en *Twitchel and Twitchel*, la oficina de unos abogados. Era un edificio largo de un solo piso con varias oficinas, ubicado a unas pocas cuadras de Main Street. El edificio estaba alfombrado de pared a pared, con artesonado de madera oscura y estantes llenos de gruesos libros empastados en cuero. Tenía una bodega con rimeros grandes de hojas de papel con números en los márgenes, así como cajas de plumas, lápices, grapas y sujetapapeles. Sobre una esquina del piso estaba una vieja máquina de escribir llena de telarañas. La levanté, la puse sobre un pequeño armario y la desempolvé. La cargué con una hoja de papel y traté de escribir en ella. Las teclas estaban duras y las letras casi no se veían. Mientras la colocaba de nuevo en su lugar, oí que se abría la puerta principal y que alguien decía: —¿Quién anda ahí?

—No es nadie —respondí, saliendo rápidamente de la bodega—. Sólo soy yo, el conserje.

—Hola —dijo él. —Yo soy Bob Twitchel. Mike Nevel me habló acerca de ti. No me esperaba que fueras tan joven.

—Mucho gusto de conocerlo, señor —respondí—. Mi nombre es Francisco.

—Encantado —dijo—. Estaré aquí sólo unos pocos minutos. Entró en su oficina y dejó la puerta abierta. Yo pasé por ahí y eché un vistazo.

Él estaba hablando por teléfono. Después de sacudir el polvo, limpié el excusado y empecé a pasar la aspiradora. Cuando terminé, enrollé el cordón y guardé la aspiradora en la bodega. Miré otra vez la máquina de escribir. "Está en desuso", pensé. "Quizás él me la venda barata". Pasé por la oficina del señor Twitchel y de nuevo lancé un vistazo. Nuestras miradas se cruzaron. Yo me paré delante de la puerta, sintiéndome nervioso. —¿Qué pasa? —me preguntó, haciendo a un lado su lapicero.

—Esa máquina de escribir vieja —dije yo—. La que está en la bodega...

—Oh, ese trasto viejo. He estado pensando en deshacerme de ella, —dijo.

—¿Por qué preguntas?

—Pues, ¿me la pudiera vender? —le dije, sintiéndome más tranquilo.

—¿Vendértela? Puedes llevártela —respondió riéndose—. Había pensado tirarla a la basura.

—Gracias —le dije emocionado. Entonces recordé que Papá decía siempre que evitáramos deberle nada a nadie, incluyendo favores. —Preferiría comprársela —agregué.

—Echémosle un vistazo —dijo él, dándome una mirada perpleja—. Yo la saqué de la bodega y la puse sobre el escritorio. Él la examinó. —Necesita una cinta nueva.

—Si, ya lo sé —dije.

—Él me miró sorprendido, se sonrió y dijo: —Te diré lo que haremos. Tráeme una nueva cinta de la bodega y dame cinco dólares por todo.

—¡Gracias! No tengo el dinero conmigo en este momento, pero se lo traeré a fin de mes.

—Tráelo cuando tú puedas. No hay prisa.

Me llevé la máquina de escribir a la casa y me dediqué a practicar en ella sobre la mesa de la cocina todas las noches al salir del trabajo. Mis hermanos menores se quejaban porque no los dejaba dormir el ruido, de modo que puse una toalla debajo para amortiguarlo. Mamá se complació cuando le dije que había obtenido una excelente calificación en mecanografía. —Tú eres una máquina de escribir, mijo —dijo riéndose—. Tú tienes los dedos rápidos de tanto pizcar fresas y algodón.

Conexiones

Al concluir mi primer año de la escuela secundaria, recibí buenas notas en todas las asignaturas, excepto en inglés, aun cuando ésta era en la que me había esforzado más. Escribir se me hacía difícil. Mi maestra de inglés de primer año me dijo que mi escritura era deficiente. Ella me sugirió que leyera más, que la lectura iba a mejorar mi escritura. —Lee cuando menos el periódico todos los días, —me dijo—. Lee por placer. A mí me quedaba poco tiempo para leer. Sólo leía para extraer información que requerían mis clases, y apenas me ajustaba el tiempo. Además, en mi casa no teníamos material de lectura ni recibíamos el periódico. Nunca tuve más tiempo libre para leer durante la secundaria, pero sí aprendí a leer por placer. Esto ocurrió en mi segundo año, en la clase de inglés.

La señorita Audrey Bell, mi maestra, tenía la reputación de ser muy estricta. Cuando ella entró a la clase el primer día y escribió su nombre en la pizarra yo escuché los lamentos de mis compañeros de clase sentados junto a mí. —¡Estoy perdido! —dijo uno de ellos. —Reprobado, —declaró otro. Entonces yo me sentí aún más preocupado.

La señorita Bell tenía una cara redonda, una naricita levantada, labios carnosos y vivaces ojos azules. Usaba anteojos con aro de metal. Su sonrisa nunca la abandonaba, ni siquiera cuando estaba alterada. Cuando escribía en el pizarrón, su brazo temblaba como gelatina, igual que los brazos de Mamá. El dorso de sus manos estaba cubierto de pequeñas manchas color café del tamaño de pasas, y sus brillantes uñas parecían las alas de unos escarabajos rojos. Ella bromeaba con los estudiantes y algunos de sus comentarios a veces hacían reír a la clase; yo también me reía, aunque a veces no entendía sus chistes.

Sin embargo, nadie se reía de las tareas que nos asignaba. Cada semana nos daba listas de palabras nuevas con su correspondiente escritura y un poema para que lo memorizáramos. Yo escribía los poemas en tarjetas de fichaje y las pegaba al mango de la escoba o las colocaba en la bolsa de mi camisa y las memorizaba mientras limpiaba las oficinas después de clases. Hacía lo mismo con las palabras del vocabulario y su escritura. Lo que más me costaba era leer y escribir. Era un lector muy lento y a menudo tenía que leer dos veces cada tarea. A veces mi mente divagaba y me preocupaba pensando en Papá. Cuando discutíamos las lecturas en clase, me sorprendía al darme cuenta que yo realmente no había comprendido lo que había leído.

La escritura era aún más difícil para mí. La señorita Bell nos pidió escribir composiciones breves analizando los cuentos que leíamos para la clase. Yo me alegraba cuando lograba entender el argumento y lo resumía, pero eso no era suficiente.

—No me cuenten la historia —decía ella sonriendo—. Yo ya me la sé. Lo que quiero es que ustedes la analicen. Yo creí comprender lo que ella quería decir, de modo que en mi siguiente composición escribí acerca de la lección que había aprendido leyendo el cuento. Esperaba que eso fuera lo que ella esperaba. Todas las historias que les había oído contar a Papá, a Mamá, al Tío Mauricio y a otros trabajadores migratorios, tenían una lección sobre lo malo y lo bueno, como en "La Llorona", "El muchacho y su abuelito" o "Los tres hermanos".

Cuando la señorita Bell nos devolvió nuestras composiciones, clavé la mirada en el rollo de papeles que ella iba repartiendo por los pasillos, tratando de ver el mío. El que tuviera más señas escritas en rojo tenía que ser el mío. Siempre me devolvía los trabajos que parecían como si les hubiera derramado encima una botella de tinta roja. Mi corazón latía cada vez más de prisa, a medida que ella se acercaba a mí. Ella se sonrío al entregarme mi composición. Yo se la arrebaté. Tenía menos correcciones que mis trabajos anteriores, pero la nota era sólo una desalentadora C. La metí bruscamente en mi carpeta y, durante el resto de la clase, tuve dificultades en concentrarme. Durante la hora libre de estudio escolar saqué el trabajo para verlo. Ella había escrito "Buen progreso" debajo de él, y eso me hizo sentir mejor. Entonces repasé cuidadosamente las correcciones para asegurarme de que las entendía. No quería cometer los mismos errores en mi próxima tarea de escritura, la cual fue anunciada por la señorita Bell al día siguiente.

—Nuestra siguiente unidad versa sobre la autobiografía, que es la historia de la vida de una persona contada por esa persona, —explicó ella—. Así que, para su próxima composición, quiero que ustedes escriban sobre alguna experiencia personal, algo que les sucedió a ustedes mismos. A mí me gustó la tarea, pero resultó más difícil de lo que esperaba. Pensé en escribir sobre mi deportación, pero no quería que la maestra supiera que mi familia había cruzado la frontera ilegalmente y que yo había nacido en México.

Finalmente se me ocurrió una idea ya muy entrada la noche. Mientras estaba sentado ante la mesa de la cocina pensando en algo de qué escribir, Trampita entró en la habitación, subiéndose sus calzones blancos. —¿Por qué te levantaste? —le pregunté.

—Vengo por un vaso de agua —me respondió, casi dormido. Su pequeño cuerpo proyectaba una sombra delgada sobre la pared. Lo llamábamos "Trampita", porque Mamá lo había vestido con unas ropas de bebé que se encontró en el basurero municipal. Cuando volvió a pasar en dirección a la cama, me fijé en su ombligo protuberante, del tamaño de un huevo, que se había relajado cuando él tenía apenas unos pocos meses de edad.

Habíamos estado viviendo en un campamento de trabajadores agrícolas en Santa Rosa. Era en época de invierno. Papá y Mamá dejaban a Roberto encargado de cuidarnos a Trampita y a mí mientras ellos trabajaban durante la noche en una empacadora de manzanas. Una tarde, antes de irse al trabajo, Mamá preparó la botella de leche para Trampita y lo acostó en un ancho colchón que estaba sobre el piso de tierra. Después de que mis padres se fueron, Roberto y yo nos sentamos en el colchón y nos pusimos a contar cuentos de espantos hasta que nos entró sueño. Rezamos y nos acostamos a dormir junto a Trampita. Nos dejamos nuestras ropas puestas porque hacía un frío que congelaba. En la madrugada, nos despertamos, asustados por los gritos de nuestros padres.

—¿Dónde está Trampita? —gritó Mamá.

—¿Dónde está él? —clamó Papá. El terror les brotaba de los ojos al ver que Trampita no estaba.

—No sé, Mamá —balbuceó Roberto, temblando de frío. Papá descubrió una abertura en la base de la carpa cerca del colchón. Salió corriendo. Segundos después regresó con Trampita en sus brazos. Mi hermanito estaba tieso y morado.

Yo decidí escribir sobre aquella experiencia. Escribí tres borradores, asegurándome de no cometer ningún error. Cuando lo entregué me sentía lleno de confianza. Al recibir mi trabajo de vuelta, me sentí decepcionado de ver otra vez las marcas en rojo. Había cometido unos cuantos errores. Me sentí todavía peor cuando leí la nota que la señorita Bell había escrito al pie de mi composición, pidiéndome que hablara con ella al final de la clase. "Ella debe estar muy molesta por los errores que cometí", pensé. Apenas escuchaba distraídamente lo que ella decía durante el resto de la clase. Cuando la clase terminó, esperé hasta que todos habían salido del aula, antes de acercármele, doblando el papel en dos para ocultar las correcciones en rojo.

—¿Es verdadera esa historia que escribiste? —me preguntó la señorita Bell.

—Sí —le respondí, lleno de ansiedad.

—Eso pensé —dijo sonriendo—. Es una historia muy conmovedora. ¿Se murió tu hermano?

—¡Oh, no! —exclamé—. Casi se murió, pero Dios lo salvó. Él se cayó rodando del colchón, se salió de la carpa y lloró tanto que se le reventó el ombligo.

—De seguro su hernia le ha de haber dolido mucho —dijo ella pensativamente—. Realmente lo siento. Ella desvió la vista y se aclaró la garganta. —Ahora, echémosle una mirada a tu trabajo. Yo se lo pasé, bajando la cabeza.

—Estás progresando mucho —dijo ella—. Tu escritura me parece promisoria. Si logras superar las dificultades como la que describes en tu composición y continúas trabajando duro, vas a tener éxito. Me devolvió el trabajo y agregó: —Toma, llévatelo a casa, haz las correcciones y devuélvemelo mañana después de clase.

—Lo haré. Gracias, señorita Bell. Salí flotando del aula, pensando en la suerte que yo tenía de estar en su clase. Ella me hacía recordar al señor Lema, mi maestro de sexto grado, que me había ayudado con mi inglés durante la hora del almuerzo.

Esa noche, al regresar a casa, me puse a trabajar en mi composición. Revisé los errores que había cometido y los corregí, siguiendo las indicaciones de la señorita Bell. Mientras lo escribía de nuevo en la máquina, sentado ante la mesa de la cocina, entró Mamá y se sentó junto a mí. —Es tarde, Panchito, —dijo ella suavemente—. Es hora de que te acuestes.

—Ya voy a terminar.

—¿En qué estás trabajando, mijo?

—Es una composición que escribí para mi clase de inglés sobre Trampita. A mi maestra le gustó —dije yo orgullosamente.

—¡Sobre Trampita! —exclamó ella.

Ella se levantó y se paró detrás de mí. Colocó sus manos sobre mis hombros y me pidió que se la leyera. Cuando terminé de hacerlo, sentí caer sus lágrimas sobre mi nuca.

Al día siguiente, después de la clase, le entregué a la señorita Bell mi trabajo reelaborado. Ella lo miró rápidamente, lo colocó sobre una pila de papeles encima de su escritorio y tomó en sus manos un libro. —¿Has leído alguna vez *The Grapes of Wrath?* —me preguntó—. Es una maravillosa novela de John Steinbeck.

—No —dije yo, preguntándome qué significaba la palabra *wrath*.

—Quisiera que la leyeras —dijo ella, y me la entregó—. Creo que la vas a disfrutar. Puedes leerla para tu informe de lectura.

"¿De dónde voy a sacar tiempo para leer un libro tan grueso?" pensé yo, pasando mis dedos sobre el lomo grueso del libro. Yo tenía planeado leer un libro más pequeño para mi informe de lectura. La señorita Bell debió haber notado el dolor en mi rostro, porque agregó: —Tú recibirás créditos extra, por ser un libro extenso—. Entonces me sentí mejor.

—¡Gracias! —dije—. Eso me dará una oportunidad de mejorar mis calificaciones. Su amable sonrisa me hacía pensar en Mamá y en la bendición que ella nos daba cada mañana cuando yo salía de casa.

Después de mi última clase saqué de mi *locker* los libros y carpetas que necesitaba y me dirigí caminando a la biblioteca pública para estudiar antes de irme a trabajar a las cinco. Revisé bien para asegurarme de que llevaba conmigo la novela. En el camino, iba pensando en cómo podría arreglármelas para leer un libro tan largo. Sentía su peso en los hombros y la nuca. Apuré mis pasos, adelantando a otros estudiantes a derecha y a izquierda. A lo lejos se oían los pitazos de los estudiantes que circulaban en sus carros, haciendo sonar el claxon. Me apuré a llegar a la biblioteca y me fui directamente a mi mesa en la esquina posterior izquierda, apartada de la recepción. Apilé mis libros y mis carpetas encima de la mesa.

Respiré profundamente, tomé la novela y la puse frente a mí. Tomé de la pila mi gastado diccionario de bolsillo y lo puse a un lado. Susurré el título: *The Grapes of Wrath*. La palabra *grapes* me recordaba haber trabajado en los viñedos del señor Sullivan en Fresno. Busqué la palabra *wrath* y pensé en la cólera que sentí cuando perdí mi libretita azul, durante un incendio en Orosí. Empecé a leer. Era difícil. Tenía que buscar en el diccionario el significado de muchas palabras pero, aún así, seguí leyendo. Quería saber más acerca de la familia Joad, que había tenido que abandonar su hogar en Oklahoma para buscar trabajo y una vida mejor en California. Se me pasó el tiempo. Sin darme cuenta, habían pasado las cinco. Llegué tarde al trabajo.

Cuando llegué a casa esa noche, continué leyendo hasta la una de la madrugada. Esa noche soñé que mi familia estaba empacando nuestras cosas a fin de mudarnos a Fresno para pizcar uvas. "¡Ya no tenemos que mudarnos más! ¡Tengo que ir a la escuela!", gritaba yo repetidamente, pero Papá y Mamá no podían oírme. Me desperté agotado.

La noche del sábado, no quise ir al baile de la escuela y me quedé en casa leyendo la novela. Seguía batallando con la lectura, pero no podía abandonarla. Finalmente entendí lo que la señorita Bell me quiso dar a entender cuando me dijo que leyera por placer. Yo podía identificarme con lo que estaba leyendo. La familia Joad era pobre y viajaba de un lugar a otro en una carcacha, buscando trabajo. Ellos pizcaban uvas y algodón, y vivían en campamentos de trabajadores similares a aquellos en que nosotros habíamos vivido, como *Tent City*, en Santa María. Ma Joad era como Mamá y Pa Joad tenía parecido a Papá. Aunque ellos no fueran mexicanos y hablaran sólo inglés, tenían muchas experiencias en común con mi familia. Yo me sentía afectado por las cosas que les sucedían. Me enojaba con los granjeros que los maltrataban y me alegraba cuando Tom Joad protestaba y peleaba por sus derechos. Él me recordaba a mi amigo don Gabriel, el bracero que se enfrentó a Díaz, el contratista de jornaleros, quien intentó obligar a don Gabriel a jalar el arado como si fuera un buey.

Después de haber terminado la lectura de la novela, yo no podía sacármela de la mente. Pasé pensando en ella muchos días, aún después de haberle presentado mi informe de lectura a la señorita Bell. A ella debió haberle gustado lo que escribí, porque me dio una buena nota. Mi éxito me alegró pero, esta vez, la nota me pareció menos importante que lo que yo había aprendido leyendo el libro.

Corazón partido

Yo no tenía mucho tiempo libre para hacer amigos y para compartir actividades con ellos los fines de semana. Papá nos permitía salir solamente una vez por semana, y teníamos que estar en casa antes de la medianoche. Llegué a conocer a muchos compañeros simpáticos de clase en la escuela, y algunos de nosotros nos juntábamos en la cafetería a la hora del almuerzo. La mayoría de ellos compraba sus almuerzos, pero yo siempre llevaba el mío de la casa. Le pedí a Mamá que no me hiciera taquitos para el almuerzo, porque algunos muchachos se burlaban de mí cuando me veían comiéndolos. Ellos me llamaban *Chile stomper* o *Tamale wrapper*. Yo fingía no sentirme molesto. Sabía que si ellos veían que me alteraba, se burlarían de mí aún más. De manera que, a partir de entonces, Mamá me preparó sándwiches de boloña en vez de tacos. Yo les ponía chiles jalapeños a mis sándwiches para darles más sabor.

También hice varias amistades, algunas de ellas con muchachas, en los bailes escolares, que se realizaban después de los partidos de fútbol o de baloncesto. Debido al trabajo, Roberto y yo generalmente no íbamos a los juegos de los viernes por la noche y asistíamos sólo a los bailes. Éstos se realizaban en la cafetería de la escuela y, al igual que en los bailes de los Vets, las muchachas se apartaban a un lado y los muchachos en el otro. A mí me parecía extraño que algunos muchachos bebieran licor para animarse a invitar a bailar a las muchachas. Yo pasaba más tiempo en el lado de las muchachas, bailando una canción tras otra. Escuchar música y bailar me hacían olvidar mis problemas.

En uno de los bailes, vi a Roberto parado a un lado, junto a una muchacha que era un poco más alta que él. No le di mayor importancia al asunto. El cuarto estaba caliente y mal ventilado, así que me salí a coger aire fresco y tomar agua. Cuando regresé, mi hermano estaba bailando una pieza lenta con la misma muchacha. Lo observé cuando pasaron bailando cerca de mí. Él captó mi mirada y apartó su mejilla de la de ella. Mientras ellos avanzaban girando al compás de la música, me fijé que él llevaba los ojos cerrados. Al terminar la canción, atravesaron la pista agarrados de las manos, y se pararon a un lado, lejos de la multitud. Yo no quería perderlos de vista, de modo que durante la siguiente pieza rápida me les acerqué intencionalmente, me di una vuelta y choqué contra Roberto. —¡Lo siento! —dije. Él me miró molesto. La muchacha que estaba bailando conmigo también se molestó. Cuando la canción estaba a punto de terminar, yo llevé rápidamente a mi compañera de baile al lado de las mujeres, le di las gracias y regresé de prisa al lado de los varones, donde Roberto y la muchacha estaban de pie, agarrándose de las manos. —¿Qué crees que estás haciendo, Panchito? —me susurró, colocando su mano izquierda sobre mi hombro izquierdo, y enterrándome los dedos. Sentía la presión de su mano grande como un tornillo de banco.

—Nada —dije yo, retrocediendo—. Es que perdí el equilibrio. Roberto me hizo una mueca. La muchacha estaba de pie detrás de él, mirando alrededor del salón, fingiendo no prestarnos atención. Ella era delgada y tenía pelo corto color café, grandes ojos lánguidos castaños, boca pequeña y labios delgados.

—¿Pues? —dije yo, indicándole mediante señas que me presentara a su amiga. Roberto soltó la mano de la muchacha y se colocó junto a ella.

—Susan, éste es mi hermano.

—Hola —dijo ella suavemente.

—Tú y mi hermano son buenos bailadores —dije. Ella sonrió y se sonrojó. Roberto continuó bailando con ella hasta que llegó el momento de irnos. Al siguiente día los vi juntos en la escuela durante los recesos entre las clases. Cuando nos dirigíamos a la casa después del trabajo, él me dijo que la había invitado a ir al cine el sábado siguiente. —¿Eso quiere decir que no irás al baile del sábado? Yo estaba descepcionado. Roberto y yo hacíamos todas las cosas juntos. No me gustaba la idea de que nos separáramos.

—No te preocupes, Panchito. Puedo pasar y dejarte en el baile antes de ir al cine.

—¿No te gustaría más ir al baile? —insistí yo.

—¡No! ¡Voy a ir al cine con Susan! —dijo tajantemente.

Estaba tan molesto con mi hermano que decidí no salir a ninguna parte. Me quedé en casa la noche del sábado y traté de estudiar, pero no logré avanzar mucho.

Roberto estuvo muy alegre en el trabajo el domingo todo el día. Silbaba y cantaba mientras limpiábamos las oficinas. —Te habrás divertido mucho anoche —dije, sintiéndome todavía lastimado porque él no había ido al baile.

—Así es. ¡Y estoy enamorado! —exclamó.

—¡No me digas; después de sólo una salida! ¿Te has vuelto loco?

—Sé que es extraño —dijo—, pero tengo esta sensación muy especial; es difícil de explicar. Él se colocó en el pecho la mano derecha y agregó: —Siento una emoción que jamás había sentido antes. ¡No puedo dejar de pensar en ella!

A mí me gustaba ver a mi hermano contento, pero me molestaba saber que ya no volveríamos a ir juntos a los bailes.

Roberto continuó saliendo con Susan una vez a la semana. Eventualmente, él le pidió que fuera su novia. Ella vestía la chaqueta de él en la escuela como una señal de que era su preferida. Pero eso no duró mucho.

Una lluviosa mañana de un día lunes, cuando Roberto llegó a recogerme del trabajo, él se veía cansado y triste.

—¿Qué te pasa? —le pregunté, mientras volvíamos a casa en el carro.

—Los padres de Susan no quieren que ella siga saliendo conmigo —dijo con los ojos llorosos.

—¿Por qué? —pregunté, echándole mi brazo al cuello.

—Porque soy mexicano —dijo, alzando la voz y golpeando el volante con ambas manos.

—¡Porque eres mexicano! ¿Qué quieres decir con eso?

Roberto respiró profundamente y explicó: —Bueno, Susan me invitó a cenar a su casa el sábado pasado. Ella dijo que sus padres querían conocerme. Yo estaba muy nervioso, pero una vez que nos sentamos alrededor de la mesa y empezamos a conversar me sentí mejor. Durante la plática su padre me preguntó de qué nacionalidad era yo.

—¿Por qué te preguntó eso? —dije, recordando la vez que conocí a los padres de Peggy.

—Él quería saber de dónde procedía el apellido Jiménez. Yo se lo dije.

—Pero tú no le dijiste que...

No, no le dije que había nacido en México —dijo él,
adelantándose a mi pregunta. —Pero cuando dije que era
mexicano se produjo un silencio mortal. Después de un
rato seguimos conversando, pero ellos parecían incómo-
dos y menos amistosos. Pensé que era extraño, pero no le
hice caso hasta que Susan me lo dijo hoy en la escuela.
Ella no podía dejar de llorar. Yo me sentí horrible. Roberto
ahogó un sollozo. —Su padre incluso prometió comprarle
un carro si ella dejaba de verme. Es increíble, ¿verdad?

Entonces, como un relámpago, se me aclaró el por qué
Peggy había dejado de verme. Me sentí enojado e insul-
tado pero, por encima de todo, confuso. No podía entender por qué alguien no iba a querernos sólo porque éramos
mexicanos. Mamá nos decía que todos éramos iguales ante
los ojos de Dios y Papá nos decía que debíamos respetar a
todo el mundo.

— ¿Y qué piensas hacer? —le pregunté, después de una
larga pausa.

—Ella aún quiere salir conmigo, pero no quiere que sus
padres lo sepan —respondió—. No me siento bien haciendo eso.

Roberto volvió a salir con Susan unas cuantas veces
más pero ya no era lo mismo. Mi hermano pasaba a recogerla a la casa de una amiga de ella, donde Susan les había

dicho a sus padres que iba a pasar la noche. A él no le gustaba que ella anduviera haciendo las cosas a escondidas y cuando el padre de ella descubrió que ella le había mentido no la dejó salir del todo. Eventualmente, ella empezó a verse con otro. Mi hermano dejó de salir con muchachas por largo tiempo.

Detrás del volante

E l verano a finales de mi segundo año de la escuela secundaria, Roberto me enseñó a manejar la camioneta de *Santa María Window Cleaners*. Empecé a recibir
mis lecciones en el estacionamiento de la compañía de
gas. La camioneta y yo no nos llevábamos muy bien. Cada
vez que yo me ponía al volante, el vehículo saltaba y zum-
baba. Cuando aplicaba los frenos, lo cual yo hacía a cada
momento, las escobas y trapeadores acababan en el
asiento de adelante. La paciencia de mi hermano se acor-
taba y el número de sus oraciones aumentaba mientras yo
manejaba en círculos como si se tratara de un tiovivo.
Logré perfeccionar mis vueltas a la derecha, pero el resto
de mis habilidades como conductor requerían mucho más
trabajo. Cuando finalmente tomé el examen de manejo
para obtener mi licencia, recibí un cien por ciento en la
parte escrita, pero apenas pasé la prueba de conducción.

Una vez que obtuve mi licencia de conducir, me sentí ansioso de manejar cualquier carro que no fuera nuestro DeSoto. El carro había sufrido un choque. La ventana del lado del conductor no cerraba bien. La puerta delantera izquierda estaba abollada y tampoco cerraba, de modo que la asegurábamos con una soga. Le supliqué a Roberto como un niño que me dejara conducir su Buick. Él con frecuencia cedía pero una vez, cuando él se negó, yo me enojé y le grité. Papá me oyó. —¿Qué te pasa, Panchito? —dijo enojado—. Tú no puedes gritarle a Roberto. Él es tu hermano mayor. Discúlpate.

—Lo siento —dije yo, bajando la cabeza.

—¿Por qué no le da las llaves del DeSoto, viejo? —dijo Mamá a Papá.

—Querrás decir el viejo DeSoto —dijo Trampita.

—No es tan viejo que se diga —dijo Papá—. Todavía corre.

—Como una tortuga, —respondió Trampita, riéndose—. Tan lento como Panchito.

Sabiendo que Trampita y Torito se escondían de sus amigos en el asiento trasero, para que no los vieran en el DeSoto cuando Mamá los llevaba a la escuela los días que ellos perdían el camión de la escuela, yo dije: —Yo los llevaré a la escuela mañana. Trampita hizo una mueca. Yo sabía que a él solo le gustaba viajar en el carro de mi hermano. A veces él y Torito se levantaban antes de lo acostumbrado para ir a la escuela en el Buick con Roberto y conmigo.

Pero a nadie le gustaba el Buick tanto como a Roberto. Era su orgullo y su felicidad. Lo cuidaba como si fuera parte de su cuerpo. Lo lavaba y lo abrillantaba una vez por semana y le sacudía el polvo todos los días con un trapo que mantenía debajo del asiento delantero. El interior del carro era impecable. Su amigo de la secundaria que trabajaba en una tapicería le había forrado el tablero del carro con tela plisada, a cambio de un pequeño armario para discos que Roberto había hecho en el taller de carpintería.

Al lado de ambos parachoques, Roberto colocó unos tubos cromados que medían seis pulgadas, e instaló bajo el chasis del carro unas pequeñas luces blancas unidas por un alambre. Consiguió un tocadiscos portátil que estaba roto y que alguien había tirado, lo compuso y lo puso bajo el asiento delantero. Lo reconectó y lo enchufó en el encendedor eléctrico del carro. Ponía discos en él cuando el carro estaba estacionado. Al lado de la ventana de la gasolina él pintó un pequeño zorrillo con un letrerito encima que decía LITTLE STINKER (Pequeño apestoso). Yo intenté convencerlo de que no lo hiciera porque me parecía ser una tontería, pero él no me hizo ningún caso. —¡A mí sí me gusta! —me dijo con orgullo—. Además, es mi carro, no el tuyo. A Papá no debió haberle molestado el letrerito porque no le dijo nada a mi hermano sobre eso.

La mayoría de los muchachos de la secundaria que tenían carros los decoraban. Los sábados por la noche ellos atravesaban Broadway de un lado a otro, exhibiéndolos ostentosamente y reducían al mínimo la velocidad cuando la policía no estaba cerca. Roberto no tenía tiempo para hacer esos recorridos, pero se enorgullecía cuando la gente se quedaba mirando su carro con admiración.

Mi alegría de ir a la escuela con Roberto en su Buick y volver en él a casa después del trabajo se terminó cuando Mike Nevel me pidió que limpiara el edificio de *Western Union* todas las mañanas antes de que éste abriera a las siete en punto. Tuve la tentación de decirle que no, porque tenía que levantarme más temprano y manejar el De-Soto, pero Papá nos enseñó a no rechazar nunca el trabajo. Además, nosotros necesitábamos aquel dinero adicional. Después de que yo limpiaba la *Western Union*, me iba en el carro a la escuela, tomando calles laterales a fin de que mis compañeros no me vieran. El carro lo estacionaba a varias cuadras de distancia de la escuela, detrás del parque de ferias del condado, y me iba desde ahí a la clase caminando.

Un día Roberto pasó por ahí cuando yo iba caminando desde el parque de ferias. Yo miré entonces hacia otro lado, con la esperanza de que él no me reconociera. A la mañana siguiente él se levantó a la misma hora que yo.

—¿Por qué te levantaste tan temprano? —le pregunté.

—Para ayudarte a limpiar la *Western Union*.

—¿De veras?, —exclamé sonriendo de oreja a oreja—. Eso quiere decir que…

—Sí; dale a Papá las llaves del DeSoto. Ya no las vas a necesitar.

Después de limpiar la *Western Union*, Roberto y yo nos íbamos en el carro a la escuela, pasando por la calle Broadway, igual que lo hacíamos antes. A partir de entonces el letrerito que decía *Little Stinker* no me molestó tanto.

Cambio de página

Al comienzo de mi tercer año de la secundaria, fui a ver a mi consejero, el señor Kinkade, para revisar mi plan de clases. En el camino a su oficina, recordé el primer día cuando lo conocí. En esta ocasión, yo tenía mucho más confianza. Entré en su oficina. Él estaba sentado ante su escritorio, hablando por teléfono. Me indicó con un gesto que me sentara frente a él. Llevaba el mismo traje color gris oscuro que vestía dos años atrás. Le colgaba de los hombros y tenía el mismo color que su pelo. Las pilas de papeles sobre su escritorio y encima de su archivador estaban más altas. Me asomé por la ventana y miré hacia la izquierda. El jardín que estaba en el patio lucía igual que en mi primer año. Él colgó el teléfono, tomó mi expediente de la pila que había en su escritorio y le echó un vistazo. —Tú te desempeñaste muy bien el año pasado,

—dijo— excepto en la clase de manejo. Lograste ser miembro de la *California Scholarship Federation*. Te felicito.

—Tuve problemas con el estacionamiento paralelo —dije, sintiéndome un poco incómodo.

Todo mundo me había dicho que en la clase de manejo era fácil obtener una A, pero no resultó así para mí. Cada vez que me sentaba frente al volante me ponía nervioso recordando la vez que un conductor borracho chocó nuestra Carcachita desde atrás en Selma. Ninguno de nosotros resultó lastimado, pero eso me asustó. Si no hubiera sido por Roberto y sus lecciones de manejo en la camioneta, detrás de la compañía de gas, habría salido todavía peor, y no habría obtenido mi licencia de conducir.

—No te preocupes por eso. Sólo asegúrate de no estacionarte junto a mi carro —dijo el señor Kinkade, riéndose—. Lo importante es que ahora estás ya bien encaminado rumbo a la universidad, —agregó.

—He oído decir que la universidad es muy difícil —dije yo, recordando la angustia que sentí cuando la señora Taylor, mi maestra de ciencias sociales, nos dijo durante la clase lo difícil que era la universidad en comparación con la secundaria. Ella nos lo repetía cada vez que alguien se quejaba de nuestras tareas o nuestras notas, lo cual ocurría al menos una vez en cada clase. El señor Kinkade me clavó brevemente la mirada, y luego se asomó por la ventana.

—Todo depende —dijo—. Si uno se ha preparado bien en la secundaria, no tiene por qué tener dificultades en la universidad.

—Pero, ¿cuál es la diferencia? —le pregunté.

—¿La diferencia? —respondió, con aire desconcertado.

—¿Cuál es la diferencia entre la secundaria y la universidad?

El señor Kinkade sonrió, se quitó los anteojos, se inclinó hacia delante y me dijo: —¿Por qué en lugar de que yo te lo explique no visitas tú mejor una de nuestras universidades locales y te enteras por ti mismo? Dentro de unas semanas llevaremos en autobús a los estudiantes que son miembros de la *California Scholarship Federation* a Cal Poly, que está en San Luis Obispo, para que visiten el campus. Yo me encargaré de inscribirte.

Yo fui el primero en subirme al camión el día que hicimos nuestra visita de campo a Cal Poly. Me senté bastante adelante con Ernie y Bob, dos de mis amigos que había conocido en el *Squires Club*. Durante el viaje hacia Cal Poly hablamos sobre las clases y sobre el baile que iba a haber el próximo sábado por la noche. Apenas ellos empezaron a hablar de deportes yo me desconecté de la conversación. Me asomé por la ventana. La carretera serpenteaba a través de verdes colinas ondulantes pasando por Nipomo, Arroyo Grande y Pismo Beach hasta que llegamos a San Luis Obispo. El camión subió una pendiente para llegar al campus y se estacionó frente al edificio de la administración. Nos recibió un joven alto y delgado con el cual hicimos un recorrido de las instalaciones, mientras nos señalaba los diversos edificios y nos explicaba los diversos programas existentes. Él habló acerca de especializaciones, semestres, unidades y muchas otras cosas que yo no comprendí. "Quizás a esto es a lo que se refería mi maestra cuando decía que la universidad era difícil", pensé. Los edificios, que estaban rodeados de árboles de eucalipto y de pimientos, se encontraban dispersos en el campus y muy separados entre sí. El aire tenía un olor fresco y dulce. Yo observaba detenidamente a los estudiantes que pasaban a nuestro lado, tratando de determinar si parecían inteligentes. Ellos se parecían mucho a los estudiantes de cuarto año en Santa María High School, pero ninguno de ellos se parecía a mis amigos del Rancho Bonetti, ni a los amigos que yo había tenido en otros campamentos de trabajadores, y eso me hizo sentir incómodo.

Durante la tarde visitamos una de las residencias que estaba muy alejada del edificio de administración. Era un edificio grande de concreto con ventanas en cada habitación. Parecía una barraca elegante del ejército militar. Fuimos a la sala de espera para conocer un poco y para descansar algunos minutos. Miré a un estudiante sentado en un sofá color café claro, leyendo. Llevaba puesta una camisa de deporte gris con un rótulo que decía CAL POLY. Me pregunté si él se sentiría solitario, como nos sentíamos Roberto y yo cuando vivíamos solos. El estudiante parecía estar molesto por el ruido que hacíamos. Levantó la vista, hizo un gesto de disgusto y se marchó rápidamente, olvidando uno de sus libros en el sofá. Él se fue antes de que yo tuviera tiempo de decírselo. Supuse que era un libro universitario y me pregunté si yo tendría la capacidad de leerlo. En el momento en que iba a acercarme al sofá, oí que el guía decía: —Es hora de regresar. Todo el mundo salió por la puerta siguiéndolo, pero yo me quedé atrás y esperé hasta que todos se fueran antes de coger el libro. Era un texto de historia de los Estados Unidos. Miré el índice, volteé la página y empecé a leer. "¡Yo puedo leer esto!" exclamé en voz baja. "Tal vez la universidad no sea tan difícil como mi maestra decía que era", pensé. Esa noche durante el trabajo estuve pensando en mi visita a Cal Poly. Me imaginé que estaba en la universidad y que vivía en la residencia, lejos de casa. Me sentí emocionado y triste al mismo tiempo.

Los Santitos

A mí me gustaba estar en la escuela y participaba en todas las actividades escolares siempre que podía. Me afilié al Club de los Escuderos y nuestras principales tareas eran mantener el orden en la fila del almuerzo y evitar que los estudiantes tiraran basura en el suelo. Me perdí la cena de iniciación, que tuvo lugar un viernes, porque tenía que trabajar.

También me hice miembro del Club de Español. A finales del otoño de mi tercer año de la secundaria, se anunció que se celebraría una reunión después de la escuela para aquellos estudiantes interesados en integrarse al club. Decidí asistir para obtener más información sobre el asunto. En lugar de dirigirme directamente a la biblioteca pública para hacer mi tarea de matemáticas como hacía siempre, fuí a la reunión, que tomaría lugar en una de las aulas que estaban en la parte vieja de la escuela, cerca de las canchas de tenis. Había ahí sólo unos pocos estudiantes. El señor Osterveen, uno de los maestros de español, presidía la reunión. Era un hombre bajo y fornido con una cabeza grande y amplias entradas en la frente. Tenía una larga barbilla y un delgado bigote negro, igual que Papá. Mientras hablaba sobre México, sus pequeños ojos oscuros se encendían como los de un gato cuando ve a un ratón. Él dijo que era de Nueva York, pero que había vivido y estudiado en la ciudad de México, donde había conocido a su esposa, que era de Oaxaca. Yo había oído hablar de la ciudad de México, pero no de Oaxaca, y me preguntaba si esos lugares eran como El Rancho Blanco o Guadalajara. Él apoyaba su pie derecho en uno de los bancos que estaban en la fila delantera y cada vez que se emocionaba empujaba el pie, lo cual lo hacía verse más alto. Me sentí a mis anchas cuando él se puso a hablar en español. Me apunté para ser miembro del club en ese mismo momento. El señor Osterveen sugirió que hiciéramos una segunda reunión para elegir a la mesa directiva y a fin de escoger un nuevo nombre para el club. Todos nos pusimos de acuerdo en volver a reunirnos unas cuantas semanas después.

Cuando regresé a casa esa noche después del trabajo le conté a mi familia acerca del club y del señor Osterveen. —¿Y él es maestro? —preguntó Papá. A mí me sorprendió verlo tan interesado. Por lo general, él nunca nos preguntaba nada acerca de la escuela.

—Sí; él habla español igual que nosotros —le dije con entusiasmo.

—¿Es de Jalisco?

—No, pero vivió en México durante muchos años.

Papá sonrió y asintió con la cabeza. Entonces le pedí a mi familia que me ayudara a buscar nombres para ponerle al club.

—¿Qué te parece *The Little Stinkers?* —dijo Trampita, riéndose. Roberto le dio a Trampita un ligero puñetazo en el hombro y se echó a reír.

—Tú eres el apestoso —dijo él—. Por eso te llamamos a ti, Trampita.

—Ya, pues. Pónganse serios —dije yo—. ¿Qué les parece Los Santos del Club de Español?

—Los santitos —expresó Mamá—. Los santitos, como lo son todos nuestros hijos.

—¡Los santitos! —exclamó Papá—. Los diablitos, mejor dicho.

—Me gusta el nombre Los Santitos — dije. Va bien con los Santa María Saints.

Durante la siguiente reunión del Club de Español yo propuse el nombre de Los Santitos. Todo el mundo votó a su favor. Luego procedimos a elegir la mesa directiva. Yo fui electo presidente; Abie González, vicepresidente; Charlotte Woodward, secretaria y Marjorie Ito, coordinadora de eventos sociales. Nuestra primer tarea consistía en encontrar una actividad para el club. Marjorie sugirió que hiciéramos una fiesta de Día de Acción de Gracias. A mí me gustaba la idea de celebrar el Día de Acción de Gracias; esa era mi festividad favorita porque, cuando pizcábamos en Corcorán, yo empezaba a ir a la escuela aproximadamente en esa época cada año. A todos nos pareció bien la idea, menos al señor Osterveen. Él nos hizo recordar que faltaban sólo unos pocos días para el Día de Acción de Gracias.

—Ustedes no tienen tiempo para organizar una fiesta del Día de Acción de Gracias —nos dijo—. Pero podrían hacerlo para la Navidad.

Yo pensé en la Navidad y me sentí triste al recordar los campamentos de trabajadores en los que pasábamos las Navidades cuando vivíamos en Corcorán y a aquellas familias que veíamos a nuestro alrededor, luchando para sobrevivir.

—¿Qué piensas tú? —dijo Abie, punzándome la espalda con su dedo.

—¿Sobre la Navidad? Bueno... —yo titubeé. Recordé entonces la vez que Papá le regaló a Mamá un pañuelo bordado que él le había comprado a una joven pareja que necesitaba dinero para comprar comida. —¿Qué te parece la idea de recolectar comida para las familias pobres? —le dije por fin.

—Una campaña benéfica para recoger alimentos en Navidad. ¡Esa es una gran idea! —dijo el señor Osterveen. Abie y Marjorie también estuvieron de acuerdo. —Les pediré a los maestros que lo anuncien en sus clases. Los estudiantes podrán depositar las latas de comida en la cafetería y le pediremos al Ejército de Salvación que se las entregue a las familias más necesitadas —agregó el señor Osterveen.

Al terminar la reunión nos pusimos de acuerdo de encontrarnos de nuevo antes de las vacaciones de Navidad para asegurarnos de que todo marchara bien. Cada día que pasaba iba en aumento el número de bolsas de comida, y al llegar la segunda semana de diciembre habíamos ya recogido cuarenta y una bolsas. El último día de clases antes de las vacaciones navideñas el capitán Tracy, del Ejército de Salvación, llegó a recoger la comida. Él agradeció a Los Santitos, y nos dio un certificado de reconocimiento por "prestar un eminente y memorable servicio a la comunidad de Santa María ayudando al Ejército de Salvación a alegrar la Navidad de los indigentes".

Esa noche, después de terminar de limpiar la compañía de gas, me quedé esperando a que Roberto pasara a recogerme. Yo estaba emocionado porque él iba a llevar a la casa un árbol de Navidad. Desde que Roberto empezó a trabajar en Main Street Elementary School, el señor Sims le había dicho que podía llevarse a casa el árbol de Navidad el día que la escuela cerrara por las vacaciones. Me senté en la oficina principal de la compañía de gas y me puse a admirar el sonriente y enorme San Nicolás pintado en la ventana del frente, así como el árbol grande de Navidad que estaba en el centro de la oficina, con sus pequeñas luces blancas que parpadeaban, como las estrellas del cielo. Vi que llegaba mi hermano en el carro. Cerré rápidamente la oficina y me apuré al estacionamiento para ver el árbol. Estaba en el asiento trasero del carro, cubierto de oropel. —Es un árbol muy bonito, —dijo Roberto—. Espera a que lo veas levantado. Cuando llegamos a casa Trampita, Rorra, Torito y Rubén salieron corriendo de la casa para verlo.

—Ésta es una Navidad muy especial, mijo —dijo Mamá emocionadamente, apretándose las manos—. Esta tarde el Ejército de Salvación nos trajo una caja enorme llena de comestibles. Dios está realmente velando por nosotros.

Tomando partido

Yo empecé a interesarme en la política en mi clase de historia estadounidense, durante mi tercer año de la secundaria. La señorita Kellog, mi maestra, exigió a nuestra clase que siguiéramos la campaña presidencial de 1960. Ella hablaba del vicepresidente Richard Nixon y del senador John F. Kennedy como si los conociera personalmente. "Ustedes tienen una responsabilidad ciudadana de estar informados sobre lo que acontece en la política", decía ella a menudo. "Nuestra democracia depende de eso". Pocos estudiantes compartían su entusiasmo. Yo prestaba mucha atención porque estaba realmente interesado, y porque quería que la señorita Kellog y mis compañeros de clase pensaran que yo era un ciudadano americano.

Una de las tareas que ella nos dio fue preguntarles a nuestros padres su opinión sobre la política y la campaña electoral. Papá, que estaba de mal humor, no quería hablar sobre el asunto, pero Mamá finalmente lo convenció.

—Yo no sé mucho, —dijo Papá—. Yo no asistí a la escuela, pero sí les puedo decir que en México los ricos tienen todo el poder. Al presidente lo escogen ellos, y no el pueblo. Se nos dice que tenemos derecho al voto, pero eso no significa nada.

—Pero aquí es diferente —dije yo—. Ésta es una democracia.

—Eso es lo que dicen, pero yo creo que aquí también mandan los ricos —dijo—. Y los ricos no se preocupan por los pobres.

—¿Cómo sabe usted eso? —le pregunté, olvidando que a Papá no le gustaba que lo cuestionáramos. Me echó una mirada severa.

—Porque he vivido muchos años —respondió con un tono áspero de voz—. Sus labios se veían delgados y pálidos. —Lo he visto con mis propios ojos —agregó. Se levantó de la mesa, se fue a su cuarto y cerró dando un portazo.

Mamá me miró y sacudió la cabeza.

—¿Está usted de acuerdo con él? —le pregunté.

—No completamente —respondió ella, mirando en dirección al cuarto de Papá—. Creo que él tiene razón en cuanto al gobierno de México, pero en este país... Ella vaciló por un momento, y luego continuó: —He oído en la radio que Kennedy les va a ayudar a los pobres.

—De modo que usted está a favor del Partido Demócrata.

—Estoy a favor de Kennedy. Eso es todo lo que sé
—dijo ella.

"Si es elegido, va ayudar a gente como nosotros", pensé.
En ese momento decidí ir a partir de entonces a favor de
Kennedy y del Partido Demócrata.

Al día siguiente durante la clase seguimos hablando
sobre los dos candidatos presidenciales. Algunos estudiantes apoyaban a Nixon, y otros a Kennedy. La señorita Kellog no tomaba partido pero pensé que debió haber
preferido a Kennedy, porque sus ojos chispeaban cada vez
que hablaba de él. Además, yo no podía concebir que ella
no apoyara al candidato que quería ayudar a los pobres.
Cuando descubrí que Kennedy pertenecía a una familia
adinerada, quedé convencido de que Papá tenía una opinión equivocada sobre los ricos, pero nunca le dije nada.
Sabía bien a qué atenerme.

La siguiente tarea que se nos asignó en la clase fue ver
los debates presidenciales por la televisión, tomar apuntes
y discutir sobre ellos en la clase. Yo me perdí todos los cuatro debates porque tenía que trabajar. No participé en las
discusiones que se dieron en la clase, pero escuché muy
atentamente, siempre apoyando a Kennedy.

Al final del semestre, después de las elecciones, nos tocaba entregar un álbum de recortes con todos los artículos
acerca de la campaña publicados en el *Santa María Times,*

que era el diario local. Nosotros no estábamos suscritos al periódico, así que yo recogía siempre en el trabajo el diario del día anterior, que había sido desechado. Lo llevaba a la casa, y lo ponía en una pila que había ido formando en el tejabán que estaba junto a la barraca. Me dediqué la tarde entera de un domingo a preparar el álbum de recortes. Saqué toda la pila de periódicos y los puse sobre la mesa de la cocina. Roberto se sentó junto a mí, para ayudarme a recortar los artículos. Mamá planchaba, mientras escuchaba la música en la estación de radio en español. —Tienes ahí suficiente papel para tapar todos los agujeros en todas las barracas del Rancho Bonetti, —dijo Mamá, riéndose—. Yo le expliqué lo que estaba haciendo. —Me alegro de que Kennedy haya ganado, —dijo—. Él nos trae la esperanza.

—Yo también me alegro —dije, echándole una ojeada y continuando con mi trabajo. Ella sonrió y apagó la radio. Yo releí algunos de los artículos y leí otros por primera vez. —¡No puedo creer esto! —exclamé al terminar de leer un editorial sobre los resultados de la elección presidencial.

—¿Qué? —preguntó Mamá, inclinándose sobre el planchador.

—¿Sabía usted que alguna gente no votó por Kennedy porque él es católico? —dije yo, alzando la voz y arrojando el diario contra la mesa.

—¿Por qué te sorprendes? —dijo Roberto, empujando su silla hacia atrás y recostándose en ella—. A alguna gente no les gustan los mexicanos y tampoco votarían por ellos. Yo sabía que él estaba pensando en Susan.

—¿Pero por qué? —Yo me sentía enojado e inquieto—. Papá nos dijo que debíamos respetar a todo el mundo.

—Es cierto, mijo —dijo Mamá—, pero alguna gente está cegada por el diablo. Él ha plantado en sus corazones la semilla de la maldad.

—Papá apareció en el umbral de la puerta. —¿Qué es todo este alboroto? —dijo, con aspecto fastidiado—. Hizo una mueca de dolor, mientras jalaba una silla y se sentaba lentamente junto a Roberto.

—Panchito no entiende por qué a alguna gente no les gustan los mexicanos —dijo Mamá, acercándose y poniéndose a masajear los hombros de Papá—.

—O los católicos —agregué con rapidez.

—Eso se debe a que la gente es ignorante —dijo Papá—. Yo estoy orgulloso de ser católico y mexicano, y ustedes deben estarlo, también.

—Yo lo estoy —dijo Roberto—, pero hay otros que no lo están. El conserje en Main Street School, que es mexicano, me dijo que Panchito y yo podríamos pasar por americanos porque tenemos la tez clara. —No le digas a la gente que eres mexicano, —me dijo—. Tú puedes fácilmente hacerte pasar por americano.

—¡Qué lástima! —dijo Mamá.

—Sí, es realmente triste —convino Roberto.

—Yo nunca trato de ocultar que soy mexicano —dije yo—. Y estoy orgulloso de serlo, también. Además, si tratara de ocultarlo, no podría; mi acento me delata. Mis amigos dicen que mi acento es tan denso que se podría cortar con un cuchillo.

—¿Un cuchillo? ¡Yo diría que con un machete! —exclamó Roberto—. Todos nos echamos a reír.

Era ya muy tarde cuando terminé de leer y de pegar el último artículo. Todos se habían ido ya a dormir. Yo releí el editorial y me acordé de Susan y de Peggy, sintiéndome enojado otra vez. Tenía ganas de hacerlo pedazos. Cerré el álbum de recortes y me fui a acostar. Me costó mucho trabajo poder dormir.

Escándalos Juveniles

Muchos de mis compañeros de la escuela sabían que yo era mexicano y los que no lo sabían se dieron cuenta cuando participé en Escándalos Juveniles, un evento anual patrocinado por los estudiantes de tercer año. Marvin Bell, el presidente de nuestra clase, que se sentaba junto a mí en la clase de la señorita Kellog, me pidió que participara en él ese año. —Frankie, ¿por qué no participas en los Escándalos Juveniles? —me dijo entusiasmado mientras entrábamos a la clase—.

—¿Qué cosa es eso? —pregunté.

—Muy bien, muchachos, por favor tomen asiento —dijo la señorita Kellog, fijando su atención en Marvin y en mí.

—Toma, lee esto —susurró él. Me entregó un ejemplar de *The Breeze*, el periódico estudiantil de la escuela, y me señaló un artículo en la portada.

Miré el artículo. Decía: "Los Escándalos Juveniles Inscritos para el Show de Marzo". Doblé el periódico y lo guardé debajo de mi escritorio. Al final de la clase, Marvin insistió.

—Tienes que ayudarle a nuestra clase, hombre. No te acobardes—. Me dio un leve empujón y agregó: —Cuento contigo.

Yo releí el artículo durante la hora del almuerzo.

> *¡Atención, todo el estudiantado!* "*Décimo Aniversario*", *los Escándalos Juveniles de este año se presentarán el viernes 4 de marzo, a partir de las 8:00 p.m., en el gimnasio de varones. Pantomimas, cantos, bailes, la habitual coreografía y un desfile de modas varoniles serán algunos de los números. Marvin Bell, presidente de la clase, dirigirá los escándalos en calidad de maestro de ceremonias. Asegúrese de no faltar a la presentación de este año de los Escándalos Juveniles, ya que este año presentarán el mejor espectáculo en toda su historia.*

No me gustaba el sabor de la palabra escándalo.

—¿Por qué querría nuestra clase ofrecer un espectáculo vergonzoso? —le pregunté a Marvin al día siguiente después de la clase.

—No es vergonzoso, —me dijo—. Es divertido.

—¿Cómo qué? —pregunté.

—¿Acaso no leíste el artículo? Algunos de los muchachos se vestirán de mujeres, y saldrán modelando, —dijo él riéndose—. ¿No quieres ser uno de ellos?

—¡Ésa es una locura! ¿Por qué van a querer los varones vestirse como muchachas?

—No comprendes la idea, hombre. Todo se hace en broma para divertirse.

—¿Puedo hacer algo que no sea irrespetuoso... quiero decir, que no sea cómico?

—Claro, tú puedes hacer lo que te dé la gana —dijo él, lanzándome una extraña mirada. Todos los que están participando se reunirán en el gimnasio de varones el próximo lunes, inmediatamente después de clase. Tienes que asistir sin falta.

Antes de que yo tuviera tiempo de responder, él dijo: —Hasta luego, borrego, y se marchó rápidamente. Me costó mucho trabajo decidirme a actuar en frente de una multitud. ¿Qué tal si se burlaran de mi acento? Luego recordé que hice muchos amigos en el octavo grado cuando canté una canción de Elvis. Yo quería ser parte integrante de la clase, de modo que me decidí a participar. Trampita ofreció ayudarme limpiando la compañía de gas el viernes, para que yo pudiera terminar el trabajo a tiempo y estar listo para la presentación a las ocho en punto. Ahora lo que necesitaba era pensar en alguna sátira breve. No tenía mucho tiempo. El domingo al anochecer yo me encontraba todavía sin una idea. Le pedí entonces a Roberto que me ayudara.

—¿Por qué no imitas a Elvis, como lo hiciste en El Camino? —dijo.

En el momento en que Roberto mencionó a Elvis Presley, entró Papá en la habitación. Él había estado cortando madera para Bonetti en el tejabán con una sierra eléctrica.

—¿Quién es El Vez? —preguntó, sacudiéndose el polvo de los pantalones—. Nunca he oído hablar de él.

—Es un cantante americano.

—¡Qué El Vez ni que El Vez! ¡Jorge Negrete! —dijo él bruscamente, manifestando su preferencia por la estrella mexicana—. Prendió la radio y buscó una estación mexicana. Sintonizó la canción "Mi tierra", de Pedro Infante. Cuando era niño, me gustaba escucharlo a él y a Jorge Negrete. Papá y Roberto silbaban sus canciones cuando trabajábamos en el campo. De repente me llegó una extraña y fuerte emoción. Sentí nostalgia. Roberto debió haberme leído la mente, porque me dijo: —¿Y por qué no cantas una canción mexicana?

—Estaba pensando lo mismo. ¿Qué canción?

—"Cielito lindo" —dijo Roberto—. A ti siempre te ha gustado esa canción.

—Eso es —dije yo—. ¡Me la sé de memoria, y no tengo que preocuparme por mi acento! Los ojos de Papá se pusieron lacrimosos. Él sonrió y bajó el volumen de la radio. Los tres nos quedamos sentados ante la mesa, en silencio, escuchando la música.

El lunes después de las clases me dirigí al gimnasio. Muchos de mis compañeros de la escuela ya estaban ahí, inscribiéndose. Marvin anunció que el señor Ward Kinkade, mi consejero estudiantil, y el señor Wesley Hodges, mi entrenador de educación física, supervisarían la presentación, y que Bobbie Sue Winters y Glenna Burns estaban coordinando el evento.

—Bueno, muchachos, divídanse en grupos de acuerdo a los números que interpretarán, y dígannos en qué consisten —gritó Bobby Sue. Su aguda voz resonó en todo el gimnasio. El señor Kinkade y el señor Hodges se recostaron contra la pared, con los brazos cruzados y murmurando algo el uno al otro. La multitud se separó formando pequeños grupos. Yo me quedé de pie debajo del aro de la canasta, escuchando y esperando mi turno.

Greg Kudron, quien estaba más cerca de Bobby Sue, se reportó primero. —Nos vamos a vestir como chicas y a modelar, —dijo, señalando a un numeroso grupo de muchachos detrás de él que llevaban jerseys de fútbol. El gimnasio se llenó de risotadas. Me sentía incómodo. Una vez que el ruido se disipó, Judy Treankler, una de las muchachas más populares en nuestra clase, se adelantó y presentó su número.

—Somos el grupo coreográfico, —dijo ella, echándose el pelo hacia atrás con la mano derecha—. Las nueve muchachas que integraban su grupo levantaron al unísono la pierna derecha. Los muchachos silbaron y dieron gritos.

Cuando vi al señor Kinkade y al señor Hodges riéndose, yo me reí también.

Los diversos números individuales y colectivos siguieron presentándose uno tras otro. George Harshbarger con su trío y yo éramos los últimos. George tocaba el banjo y Jim Hodges y Roger Brown tocaban la guitarra. Yo los había visto tocar en varios bailes escolares.

—Adelante, Frankie —dijo George.

—No, tú eres el siguiente —respondí yo, sintiéndome tenso.

—Gracias —dijo él. Jim y Roger iban detrás de él, rasgueando sus guitarras—. Vamos a cantar unas cuantas canciones populares —dijo afinando su banjo.

—Como el Trío Kingston —gritó alguien desde el fondo de la multitud.

—Exactamente —respondió George.

—Tú eres el siguiente, Frankie —dijo Bobbie Sue.

Yo avancé hacia delante, respiré profundamente, y dije: —Yo voy a cantar "Cielito lindo", una canción mexicana. Miré al señor Kinkade. Él asintió con la cabeza y aplaudió. Oí gritos de entusiasmo de algunas cuantas personas. Sentí entonces más confianza.

—Bien hecho. ¡Esta va a ser la mejor presentación de Escándalos Juveniles de todos los tiempos! —dijo Bobbie Sue—. Díganles a sus amigos que compren boletos. Ahorita están a la venta en el salón de actividades estudiantiles. El precio es de setenta y cinco centavos para estudiantes y un dólar para los adultos.

—¿Qué vas a hacer respecto a la música? —me preguntó George cuando salíamos del gimnasio.

—No he pensado todavía en eso —dije.

—¿Sabes tocar la guitarra?

—No, ojalá supiera hacerlo.

—Quizás yo pueda tocar para ti —dijo.

—¿De verdad lo harías? —exclamé—. ¿Te sabes la canción "Cielito lindo"? —le pregunté.

—No, pero podría aprenderme las notas si tú la cantas.

Entramos en la cafetería y nos sentamos junto a una mesa vacía. Yo canturreé la canción mientras George escuchaba atentamente, tratando de seguirme. La repasamos muchas veces hasta que él la pudo tocar íntegramente. Me hizo algunas sugerencias sobre la forma de proyectar mejor mi voz y antes de separarnos nos pusimos de acuerdo en reunirnos unas cuantas veces después de clase, para practicar juntos.

El gimnasio de la escuela estaba completamente lleno la noche del evento. Se instaló un escenario improvisado en el extremo sur de la cancha de baloncesto, cerca del cuarto de los *lockers*, donde nosotros nos vestíamos y nos preparábamos para actuar. Las muchachas se alistaban en sus vestidores, ubicados en el extremo norte. El aire estaba lleno de tensión y de emoción. Algunos muchachos zum-

baban alrededor de los vestidores como moscas desvela-
das, golpeando los *lockers* metálicos y las paredes. Otros
hacían fintas de boxeo. George y su trío se apiñaron en un
rincón, afinando sus instrumentos. Yo recorría el piso de
un lado al otro, sosteniendo mi sombrero mexicano de ala
ancha contra el pecho, por temor a que me lo apachurra-
ran. A medida que los gritos y los aplausos iban creciendo
al final de cada número, yo me ponía más nervioso. Yo era
el siguiente. —Te toca a ti, Frankie —gritó Marvin—. Me
puse el sombrero, me sequé en los pantalones las manos
llenas de sudor y besé ligeramente mi medalla de San Cristóbal. George salió detrás de mí, rasgueando su guitarra.
Al entrar al escenario sentí que las piernas se me afloja-
ban. Agarré el micrófono con ambas manos y miré a la
multitud. Estaba petrificado.

—¿Estás listo? —dijo George.

Abrí la boca, pero no salió ninguna palabra. Sentía la
boca como si la tuviera llena de algodón. Entonces oí a
Roberto gritar desde el fondo de las graderías: —¡No te
rajes, Panchito! Mientras sus palabras de aliento resona-
ban en el gimnasio, en mi mente se apareció por un instante el rostro de Papá. Solté lentamente el micrófono,
respiré profundamente, me ladeé el sombrero y dije:
—Muy bien, estoy listo. Las palabras de "Cielito lindo"
fluyeron de mí como una corriente. Durante el curso de la
canción algunas personas del público cantaron el estribillo
"¡Ay, ay, ay, ay, canta y no llores!" y al final ellos gritaron

entusiasmados y aplaudieron. George y yo hicimos una reverencia y nos retiramos. Marvin se dirigió entonces al micrófono y nos pidió a todos los participantes que nos uniéramos en el escenario. Todos recibimos una ovación que nos brindaron los asistentes puestos de pie. Después de que el público se marchó, limpiamos el escenario, tocamos *rock and roll* y bailamos canciones como *"The Chicken"*, *"Mash Potato"*, *"The Twist"*, *"The Stroll"* y muchos otros ritmos. Esa noche, mientras regresábamos a casa y en el transcurso de muchos días después seguí oyendo en mi mente la canción "Cielito lindo".

Postulando a un cargo

Como resultado de los Escándalos Juveniles, Paul Takagi se hizo mi nuevo mejor amigo. Nos conocimos el día lunes siguiente del evento, un poco antes del almuerzo. Me encontraba en el corredor, poniendo mis libros en el *locker*, cuando él se me acercó. Tenía cabellos cortos y lisos de color negro azabache, con un copete elevado en el frente. Las ropas le quedaban flojas. —Hola, Frankie, te oí cantar la noche del viernes —dijo—. Me llamo Paul.

—Hola —respondí, tomando mi bolsa del almuerzo y cerrando el *locker*.

—"Cielito lindo" es una de mis canciones favoritas —dijo, ajustándose sus gruesos lentes de aro negro detrás de sus orejas grandes. Él pronunció el nombre de la canción en perfecto español.

—¿Cómo la conoces? —le pregunté.

—Mi padre me la enseñó. Yo sé tocarla en el piano —dijo orgullosamente.

—¿Tu papá habla español?

—Sí; lo aprendió en México cuando estuvo ahí de misionero. Ahora es un ministro de la iglesia aquí en Santa María. Su mirada juguetona y su aspecto desgarbado me recordaban a Miguelito, un amigo que tuve en la escuela primaria.

—¿Quieres almorzar conmigo? —le pregunté.

—Si no te molesta compartir conmigo tu comida —dijo.

—Te daré mis chiles picantes —le dije riéndome.

—¡Chale! —me dijo, sonriéndose y dándome un empujón ligero con sus largos dedos delgados.

Paul y yo almorzamos juntos y hablamos de todo, como si nos hubiéramos conocido desde hace mucho tiempo. Cuando nos dimos cuenta de que ambos llevábamos las mismas clases, decidimos estudiar juntos. Todos los días después de clases, nos íbamos directamente a la biblioteca pública en mi Ford verde de 1950 que Papá le había comprado a un vecino después que el DeSoto se acabó de desbaratar. Hacíamos nuestras tareas de química y de Álgebra II. Cuando discrepábamos en nuestras respuestas generalmente era Paul el que tenía razón. Su mente era tan sagaz como la de Papá. Él resolvía los problemas y sabía explicarlos paso a paso, con palabras sencillas. Cuando estudiábamos juntos, yo perdía la noción del tiempo. Paul tenía que recordarme que debíamos marcharnos un poco antes de las cinco. Lo llevaba a su casa en mi carro antes de irme a trabajar en la compañía de gas.

El día anterior a las vacaciones de Semana Santa, Paul y yo estábamos almorzando en la cafetería cuando Linda Spain, una compañera de la escuela, se acercó a nuestra mesa y nos pidió que firmáramos su petición para postularse como secretaria del estudiantado. Los dos la firmamos.

—Gracias, muchachos —dijo ella, sonriendo, y se marchó a la siguiente mesa, para conseguir más firmas.

—¿Por qué no te postulas tú para presidente? —dijo Paul, guardándose de nuevo su pluma en el bolsillo.

—¿Lo dices en serio? —le respondí—. A mí no me queda tiempo. ¿Por qué no lo haces tú?

—He estado pensando postularme como tesorero del estudiantado —dijo Paul.

—¡Muy bien! Yo votaré por ti —dije con entusiasmo. ¡Con tu habilidad para los números, nunca perderemos un centavo!

—¡Chale! —respondió él, riéndose. Se me acercó un poco sobre la banca y agregó: —Hablo en serio.

—Yo también —le dije—. Tú serías un excelente tesorero.

—No. Me refiero a que te lances para un cargo —insistió él.

—Apenas me queda tiempo para hacer mi tarea. No podría echarme un nuevo compromiso.

—No te tomará mucho tiempo. Trabajaríamos juntos y...

—En caso de ganar —dije yo, interrumpiéndolo.

—Tienes razón. Podría ser que yo no resultara electo —dijo, mirándome tristemente.

—No me refiero a ti —le respondí—. Estaba hablando de mí.

—No seas tan pesimista —dijo él.

—¿Un qué? No soy un pesticida —le dije—. Paul sacudió su cabeza y sonrió.

—Mira, tú tienes una buena probabilidad de ganar. La gente te conoce. ¡Los Escándalos Juveniles te hicieron famoso!

—¡Chale! —le dije, imitándolo. Los dos nos echamos a reír.

Paul me miró de soslayo, sonriendo afectadamente. —En caso de ganar... Hizo una pausa, se volteó, me miró directamente a los ojos y continuó: —Quiero decir, cuando ganemos, la pasaremos bien. Y eso nos facilitará la entrada a la universidad.

—¿De veras? —le pregunté, animándome.

Paul me lanzó una mirada de desconcierto. Cuando vio que yo hablaba en serio y que estaba esperando una respuesta, dijo: —Sí, a las universidades les agradan los alumnos que realizan tareas extras en la escuela, como llevar cargos estudiantiles.

La campana sonó. Limpiamos la mesa y recogimos

nuestros libros. Antes de dirigirnos a nuestras diferentes aulas, Paul dijo: —Consigue tu petición. Yo quiero ser el primero en firmarla.

—Lo voy a pensar y te diré mi decisión cuando regresemos de las vacaciones de Pascua.

Durante el receso de la Semana Santa, no pensé más acerca de presentarme como candidato para presidente del estudiantado. Dediqué todo el poco tiempo libre que tenía a leer el libro de Walt Whitman *Leaves of Grass*, a memorizar un poema para la clase de inglés y a mantenerme al corriente de los acontecimientos del día leyendo el diario para mi clase de historia. Escribí el poema en una ficha y me apliqué a memorizarlo mientras limpiaba la compañía de gas. Después de terminar la limpieza, hojeé rápidamente el periódico. Me llamó la atención un artículo sobre protestas y manifestaciones en el Sur. Leí sobre la segregación racial y la lucha de los estudiantes negros para obtener la igualdad de derechos. Oí más sobre ese asunto por la radio del carro cuando regresaba a casa esa noche. Me enojaba que no se les permitiera a los negros sentarse con los blancos en las estaciones camioneras y en otros sitios públicos. Durante la misa del Domingo de Pascua, me la pasé pensando en eso. "¿Cómo puede suceder esto si todos somos iguales ante los ojos de Dios?" pensé.

La mañana del lunes, el día después de Pascua, me sentí muy cansado. Los hombros me dolían. Terminé de limpiar la *Western Union* y me dirigí a la escuela. Al acercarme a los terrenos de la escuela, recordé mi promesa a Paul. Yo tenía que tomar una decisión. Estacioné el carro y atravesé el campus en dirección a mi clase de educación física. En el camino me encontré con Manuelito Martínez, cuya familia trabajaba en el campo y vivía en el Rancho Bonetti. Él y yo nos conocíamos desde que teníamos ocho años.

—Órale, Panchito, —dijo él—. He oído decir que te estás lanzando para presidente del estudiantado. Eso está a todo dar, mano.

—¿Quién te lo dijo?

—Tu amiguito Paul, hace unos minutos —respondió—. Órale, eso está réquete bien, mano.

—Gracias, Manuelito. Estoy pensándolo —le respondí, ligeramente molesto con Paul—.

—No lo pienses mucho, mano. Hazlo. Todos en el Rancho Bonetti se van a sentir orgullosos.

Yo entendí lo que Manuelito quería decir. Como toda mi familia, la mayoría de los que vivían en el Rancho Bonetti eran trabajadores agrícolas mexicanos o mexicanoamericanos. Nosotros vivíamos cerca de Santa María pero estábamos muy alejados de ella.

Durante la clase de educación física, el entrenador nos pidió que corriéramos varias vueltas alrededor de la pista. Mientras corría, yo recordaba a Manuelito y las experiencias que había compartido con él y con otros en el Rancho Bonetti. Pensé en la segregación racial en el Sur, y en el comentario de Paul acerca de la universidad. Reduje la velocidad para tomar aliento y después seguí corriendo, atravesando la fría y espesa niebla de la mañana. Al final de esa clase, me bañé rápidamente, me vestí y me fui corriendo a la oficina principal para recoger una petición. A la hora del almuerzo, Paul me preguntó si había tomado una decisión.

—Me olvidé del asunto —le dije, tratando de poner una cara seria.

—¡Chale! —exclamó—. Estás bromeando, ¿no?

—No, no bromeo —le dije—. Si me postulo y gano, tendría que estudiar más en la noche después del trabajo, dormir menos y perderme algunos bailes escolares.

La sonrisa de Paul desapareció. Él asintió con la cabeza y dijo: —Entiendo, hombre. Sacó una hoja de papel de su gastada carpeta. —Aquí está mi petición. Quiero que tú seas el primero en firmarla.

—No voy a firmarla —le dije.

—¡Chale! —dijo Paul, quitándose los lentes y mirándome fijamente.

—No lo haré a menos que tú firmes la mía —le dije, sacando mi petición y entregándosela.

—¡Me estabas tomando el pelo! —gritó Paul—. Tu serías un buen político. Nos reímos, nos estrechamos las manos y firmamos las peticiones.

Durante los siguientes días, Paul y yo nos íbamos en carro a su iglesia después de clase para estudiar y para trabajar en los carteles para nuestras campañas. La iglesia estaba en la parte norte de la ciudad. Era un edificio grande rectangular de madera con techo alto y pequeñas ventanas cuadradas a los lados. El frente de la iglesia era sencillo. Había un atril en el centro y un piano en la esquina derecha. No había estatuas de santos o Cristo ni una estatua de la Virgen de Guadalupe, como en la iglesia a la que mi familia y yo asistíamos cuando podíamos. Hacíamos nuestras tareas escolares en la oficina del padre de Paul, que era un cuarto privado en la parte trasera del edificio. Estudiábamos el álgebra hasta las cuatro de la tarde y luego hacíamos carteles durante una media hora, usando materiales escolares de la iglesia. Antes de irme al trabajo, tomábamos un descanso. Paul tocaba el piano mientras yo me comía un trozo de pastel de ruibarbo que hacía su mamá y que nos dejaba en la iglesia todos los días. Después de que yo me iba al trabajo, Paul regresaba a la escuela a colocar los carteles de nuestra campaña. Yo regresaba a casa esa semana mucho más tarde de lo acostumbrado porque tenía que compensar el tiempo perdido. Me quedaba en la compañía de gas después del trabajo hasta que terminaba de hacer mis tareas escolares. Papá se enojaba conmigo a pesar de que le explicaba por qué yo llegaba tarde. Mamá sí comprendió, y se encargaba de tranquilizarlo en cada ocasión.

Me sentí inquieto cuando supe que tenía como adversario en mi candidatura para presidente a George Harshbarger. Él me había ayudado con los Escándalos Juveniles, y ahora yo me postulaba en contra de él. Lo busqué para decirle lo incómodo que me sentía sobre aquel asunto.

—No seas tonto, —dijo—. ¡Deja que gane el mejor hombre!

El día anterior a las elecciones, George y yo teníamos que dar sendos discursos ante una asamblea escolar. En el pasado, los candidatos para presidente del estudiantado habían presentado números humorísticos antes de su discurso. Uno de ellos entró en el gimnasio manejando un pequeño triciclo seguido por sus amigos, que iban vestidos como rústicos montañeses. Su oponente llegó cabalgando en una mula. Yo no me sentía a gusto presentando un número humorístico, de modo que le pedí a Paul si podía tocar el piano. Él aceptó. Durante la asamblea, George fue presentado primero. Él cantó con su trío y dio su discurso. Yo estaba tan nervioso que no le presté atención a lo que dijo. Ahora seguía yo. Mi corazón latía de prisa y las piernas me temblaban mientras pronunciaba el discurso más breve en toda la historia de Santa María High School. "Soy un hombre de pocas palabras", dije. "Por favor voten por mí". Hice una pausa de algunos segundos. Entonces, tomando prestadas algunas palabras del lema escolar, "Entren para aprender, salgan para servir", agregué: "Si ustedes me eligen, yo me dedicaré a servir a todos ustedes". Le hice una señal a Paul y él tocó las partes iniciales de "Cielito lindo" y de *"When The Saints Go Marching In"*, que era el himno de la escuela. El público rompió en aplausos. Yo suspiré con alivio. Estaba feliz de que la asamblea hubiera terminado.

Los estudiantes votaron el viernes durante todo el día y esa tarde se anunciaron los resultados: Paul y yo habíamos ganado. Ernie DeGasparis, otro amigo nuestro, fue electo vicepresidente y Linda Spain, secretaria. Estábamos tan emocionados que, en lugar de dirigirnos después de clase a la biblioteca pública para estudiar, nos fuimos directamente en el carro al *Leo's Drive-in* en el norte de Broadway, para celebrar. Paul y yo nos quedamos sentados en el carro, bebiendo Coca Cola y hablando sobre la campaña, sobre la asamblea y las elecciones. Revivimos y saboreamos cada uno de aquellos momentos emocionantes. Luego dejé a Paul en su iglesia y me apuré a llegar a casa para darles la noticia a mis padres antes de ir a trabajar. Yo me sentía volar. Di la vuelta y entré en el Rancho Bonetti, pasando en el carro cerca de Manuelito, quien regresaba a casa de la escuela. Él me gritó "¡Felicidades, Panchito!" Yo lo saludé con la mano y sonreí orgullosamente. Cuando iba pasando frente a la casa de Joe y Espy vi a Torito salir de ella corriendo. Lloraba histéricamente.

—¿Qué te pasa? —le pregunté, abrazándolo—. ¿Por qué no estás en casa?

—Papá... Papá se lastimó —dijo él, temblando sin aliento.

—¿Cómo? ¿Dónde está él? —exclamé, aterrado.

—Él se cortó la mano muy mal. Roberto y Mamá se lo llevaron al hospital y me dejaron con Joe y Espy—. Respiró profundamente—. Fue por culpa mía —continuó, sollozando.

—¿Qué quieres decir?

—Yo estaba ayudándole a cortar madera para Bonetti en el tejabán con el serrucho eléctrico. Agarré una tabla y la puse en el serrucho. A Papá le pareció que mi mano iba a tocar la hoja, y me la apartó, pero el serrucho le hirió la mano a él. Empezó a llorar otra vez.

—No fue tu culpa. Fue un accidente —le dije tratando de consolarlo—. Nos subimos al carro y nos fuimos de prisa al Hospital del Condado de Santa María, que estaba a unas cuantas cuadras de la escuela secundaria. Nos apuntamos en la recepción y nos dirigimos a su cuarto. Papá yacía en cama, blanco como una sábana. Su mano derecha estaba vendada. Mamá estaba sentada a su izquierda, llorando y acariciándole sus canosos cabellos. El frente de su suéter estaba manchado de sangre. Roberto, Trampita, Rorra y Rubén permanecían de pie alrededor de la cama, con las cabezas agachadas y sollozando.

—Se cortó el dedo —dijo Mamá, temblando.

Sentí un nudo en la garganta. Me acerqué a la cama y besé a Papá en la frente. —Lo siento, Papá —dije—.

Él me miró y sonrió. —He perdido una parte de mi cuerpo, mijo, —dijo—. Pero no importa: ya está viejo e inútil. Su voz era débil.

—No hable así —dijo Mamá—. Usted sabe que eso no es cierto.

Papá la miró y sonrió. Entonces él se volteó hacia mí y me preguntó: —¿Cómo estás, mijo?

Yo me sequé los ojos con el dorso de la mano y le respondí: —Estoy bien, Papá. Tratando de animarlo, agregué: —Y tengo buenas noticias, Papá. Me eligieron presidente del estudiantado y mi amigo fue electo tesorero.

—Qué bueno, mijo, —dijo Mamá—. Roberto, Trampita y Torito me felicitaron.

—Yo no entiendo lo que es eso —dijo Papá con una mirada inexpresiva—, pero me alegro por ti.

Salí del hospital y me fui a trabajar esa noche sintiéndome lleno a la vez de alegría y de tristeza. Al terminar la limpieza de la compañía de gas, me encontraba emocionalmente agotado. Me sentía como un pájaro atrapado en una tormenta.

Una nueva vida

El día en que Roberto llevó a su novia Darlene a la casa para conocer a mis padres, yo supe que él iba en serio. Él había estado saliendo con ella por más de un año pero nunca la había llevado a la casa antes. Mis padres de alguna manera sabían que Roberto había estado cortejando a la misma muchacha por mucho tiempo, pero ellos nunca hablaban de eso. Era lo normal. Nosotros nunca hablábamos en casa sobre muchachas ni sobre sexo. Pero mi hermano y yo siempre habíamos compartido nuestros sentimientos. Él me habló sobre ella al día siguiente de su primera cita. Estábamos limpiando una oficina de construcción llamada A. J. Diany, y él silbaba y cantaba como un canario. —¿Qué te pasa? —le pregunté—. ¿Comiste alpiste?

—Darlene es bella —respondió, haciendo girar el trapeador como si fuera una compañera de baile—. Ya verás cuando la conozcas. Ella es muy lista y se parece a Elizabeth Taylor. Se veía radiante mientras hablaba sobre ella. Pensé que estaba exagerando hasta el día en que la conocí. Ella se parecía realmente a Elizabeth Taylor. Tenía grandes ojos verdes, una piel aceitunada y largo pelo color negro azabache peinado hacia atrás en una trenza. Yo sabía que ellos se amaban realmente porque continuaron viéndose aunque al padrastro de ella no le gustaban los mexicanos. Él solía llamar a Roberto *pepper gut* a espaldas de mi hermano con el único fin de molestar a Darlene. Trataba de disuadir a Roberto de que saliera con ella insistiendo en que ella tenía que regresar a casa antes de la medianoche. Mi hermano nunca le dijo al padrastro lo contento que estaba con ese mandato. Él llevaba a Darlene a su casa a las once y media porque él tenía que estar también en casa antes de la medianoche.

La cara de mi hermano se puso blanca como la de un fantasma y su grueso labio inferior temblaba cuando la presentó a nuestra familia. Papá y Mamá le estrecharon la mano y agacharon la cabeza ligeramente. Papá les indicó a mis hermanitos que se retiraran. Ellos se disculparon y salieron afuera a jugar. Roberto y Darlene se sentaron ante la mesa de la cocina enfrente de Papá, Mamá y yo. —Se parece a Dolores del Río, —dijo Papá. Darlene, quien no sabía español, sonrió nerviosamente y miró a mi hermano.

—Papá *says you look like* Dolores del Río —dijo Roberto.

—Ella es una estrella de cine muy bonita —dijo Mamá—, *a pretty Mexican movie star* —añadió, advirtiendo la mirada perpleja de Darlene.

—*Thank you* —dijo Darlene, dando las gracias y ruborizándose y bajando la mirada.

Papá entrecruzó sus manos sobre la mesa y se quedó mirando a Roberto, esperando que mi hermano rompiera el largo silencio. Roberto contempló a Darlene, me miró a mí, tragó saliva y dijo: —Papá, Darlene y yo vamos a casarnos y queremos su bendición.

Las palabras salieron de su boca como balas. Yo estaba seguro de que las había ensayado muchas veces. Papá y Mamá se miraron uno al otro sorprendidos. Papá se aclaró la garganta, listo para responder, pero Mamá puso rápidamente su mano sobre la mano derecha de Papá y dijo: —Claro que cuentan con nuestra bendición.

Papá se mordió el labio inferior y asintió con la cabeza. Roberto lanzó un suspiro de alivio y sonrió. Darlene entendió la respuesta.

Mi familia entera, especialmente Mamá, se emocionaba cada vez que Roberto llevaba a Darlene de visita. Incluso Papá, cuyo mal humor empeoraba día a día, se animaba cuando ella llegaba. Sus visitas eran como un tónico para él.

Al comienzo del verano antes de mi último año en la escuela secundaria, Roberto y Darlene se casaron con la aprobación de la madre, pero en contra de los deseos de su padrastro. Mi familia se sintió alegre por ellos, pero a la vez preocupada por las dificultades que tendríamos para sobrevivir. Mi hermano también se inquietaba por eso, así que se consiguió un trabajo extra de limpieza para ayudarnos, pero no pudo continuar más allá del primer mes. Él necesitaba el dinero extra para asistir a las clases nocturnas en Hancock Community College, y para pagar los gastos médicos de Darlene, que estaba esperando un bebé. Él tomó unas clases de carpintería para poder construir los muebles que necesitaban para su apartamento de una sola pieza. Darlene trabajaba también a medio tiempo lavando platos en el Hospital Santa María.

Sin la ayuda de Roberto, mi familia batalló todavía más para que alcanzara el dinero. Papá se puso aún más deprimido y de seguido se encerraba en el tejabán, pasando horas allí, como un prisionero dentro de una celda. Mamá trataba de consolarlo. "Dios proveerá; ya verá que sí, viejo", le decía ella. Ella le rezaba a la desteñida imagen de la Virgen de Guadalupe que estaba colgada sobre su cama. Yo también me preocupaba y empecé a sufrir dolores de cabeza. "Tú eres igual que tu Papá, siempre estás preocupado", decía Mamá cuando me veía tomando aspirinas todas las mañanas. "Estoy segura de que saldremos adelante". Ella tenía razón. Torito y Trampita consiguieron trabajo pizcando fresas para Ito; ella cuidaba a los niños de las familias de los trabajadores que vivían en el Rancho Bonetti y les planchaba la ropa; yo aumenté mi horario de trabajo con la *Santa María Window Cleaners*, trabajando desde las seis de la mañana hasta la media noche. Temprano en la mañana limpiaba la *Western Union* y *Betty's Fabrics*. Durante el resto del día, le ayudaba a Mike Nevel a asear casas, limpiando ventanas, lavando las paredes, limpiando y encerando pisos. Al principio de la tarde cumplía con mis deberes ordinarios en la compañía de gas, y al final de la noche trabajaba con Mike aseando la *Standard Oil Company*, que se encontraba en las afueras de Santa María.

Cada día que pasaba, me sentía más y más agotado. Una noche, mientras estaba limpiando la *Standard Oil Company*, me sentí completamente exhausto. Me costaba mucho mantener los ojos abiertos. Entré en el excusado y me eché agua en la cara y en los brazos. Me miré en el espejo. Mi cara estaba trasnochada y llena de granos. Tenía ojeras bien oscuras. Los pantalones me quedaban flojos de la cintura, así que apreté el cinturón, cerrándolo un agujero más. Mi reflejo me recordó a Papá. Por primera vez comprendí lo que él debió haber sentido en sus peores ratos de mal humor. Me dejé caer sobre las rodillas, me cubrí la cara con las manos y lloré.

Una prueba de fe

El lunes por la mañana, el primer día de clases de mi último año de la escuela secundaria, no pude levantarme de la cama. No tenía energía y me dolían todas las coyunturas del cuerpo. Por un momento pensé que aún estaba dormido porque muchas veces soñaba que mis piernas eran demasiado pesadas para moverme. Grité pidiendo ayuda. Mamá llegó corriendo, limpiándose las manos en el delantal, que estaba cubierto de harina blanca.

—Algo malo me pasa —dije, tratando de reprimir las lágrimas—. Me duele todo el cuerpo.

—Cálmate, mijo —dijo Mamá—. Es una pesadilla.

—No, no es una pesadilla, Mamá —le respondí—. ¡Me duele todo! Mamá se sentó en el borde de la cama y colocó suavemente la mano sobre mi frente.

—No tienes fiebre —dijo ella—. Déjame verte el estómago.

—No es el estómago —le dije—. Son mis coyunturas; me duelen cuando me muevo.

—Cuando eras pequeñito, la piel de tu estómago se desprendió como si la hubieran quemado. Parecías un conejo despellejado —dijo ella con preocupación—. Quiero asegurarme de que no es eso otra vez. Apartó la cobija y levantó mi camiseta. —No, no es eso, gracias a Dios —agregó, suspirando con alivio—. En ese momento llegó Papá y se quedó recostado en el quicio de la puerta. Sus ojos hundidos estaban inyectados en sangre y sus cabellos estaban despeinados. Parecía no haber dormido durante varios días.

—Está enfermo, viejo —dijo Mamá tristemente, mirando a Papá—. Ha estado trabajando muy duro.

—Sí, tienes razón —respondió Papá cansadamente—. Esta pinche vida nos está matando a todos. Sus ojos se humedecieron. Mordió su labio inferior y luego se alejó.

Me sentí aún peor cuando recordé que tenía que limpiar la *Western Union* y estar a tiempo en la escuela para dar la bienvenida a los estudiantes de primer año en la asamblea escolar. —Tengo que levantarme —dije—. Apoyándome en el brazo de Mamá, pude levantarme lentamente. Me sentía mareado y débil. Caminé unos cuantos pasos, pero tuve que detenerme. No podía soportar el dolor en las coyunturas y los músculos. Mamá me ayudó a regresar a la cama.

—¿Y la *Western Union*? —pregunté.

—Trampita y yo nos encargaremos de limpiarla —dijo ella, cobijándome en la cama—. Me llevó un vaso con agua y dos aspirinas. —Necesitas descansar —me dijo.

Dormité ese día y esa noche, y en la tarde siguiente Mamá me llevó en el carro al Hospital del Condado de Santa María.

—Creo que tienes mononucleosis —dijo el médico después de examinarme.

—¿Mono qué? —preguntó Mamá, frunciendo el ceño y mirándome—. Yo me encogí de hombros. No entendía tampoco lo que él quería decir.

—Es una infección viral conocida comúnmente como "la enfermedad del beso" —agregó él.

Mamá me echó una mirada extraña. El médico la notó y se echó a reír. —Se le llama así porque la enfermedad puede ser transmitida a través del beso —dijo—. Pero eso no significa necesariamente que su hijo la contrajo besando a alguien. Yo le sonreí, agradecido, al médico.

—No hay ningún tratamiento para la mono —continuó el médico—. Descansa mucho, aliméntate bien, bebe bastante agua y toma aspirina para tus dolores corporales. Deberías también comer más. Tu peso es inferior al normal.

Se me hizo muy difícil tener que quedarme en cama y descansar. Me la pasaba pensando en la escuela y en el trabajo. A mí no me gustaba perder clases y atrasarme en mis estudios. Tenía miedo de perder mi trabajo aun cuando

Trampita, Roberto y Mamá me habían estado sustituyendo. Sintiéndome aún agotado y adolorido, me levanté de la cama casi arrastrándome el viernes por la mañana. Tardé mucho tiempo en vestirme. Las piernas me dolían cuando hacia algún movimiento rápido. Terminé de limpiar la *Western Union* después de que había abierto y llegué tarde a la escuela. Al final de mi segunda clase, recibí una nota indicándome que fuera a ver al señor Iván Muse, el director asistente que estaba a cargo de las actividades estudiantiles. Me imaginé que aquello tendría que ver algo con mis responsabilidades como presidente del estudiantado. Al entrar en su oficina me sentía lleno de ansiedad.

—Frankie, ¿qué fue lo que te pasó? —me dijo con su acento texano. Su saco deportivo de un matiz castaño verdoso hacía juego con el color de sus ojos. Sus entradas en la frente lo hacían verse mayor de lo que realmente era. Antes de que yo tuviera tiempo de responderle, añadió: —¿Por qué no estuviste en la asamblea de alumnos de primer año?

—He estado enfermo —le respondí.

—Puedo notarlo —me respondió, mirándome de arriba abajo—. ¿Pero por qué no llamaste para avisarnos? —agregó, levantando la voz.

—No sabía a quién llamar. Además, nosotros no tenemos teléfono—. Me sentí avergonzado. —Lo siento.

El señor Muse me miró a los ojos y después de una larga pausa dijo: —Ya veo. Suavizó el tono de su voz y continuó:

—Bueno, te estuvimos esperando y esperando para que les dieras la bienvenida a los recién llegados y cuando tú no apareciste, le pedimos a Ernie DeGasparis que lo hiciera. Él lo hizo muy bien.

—Qué bueno —dije—. Estoy seguro de que yo no podría haberlo hecho también.

—Haberlo hecho tan bien —dijo él, corrigiendo mi error—. Debió haber notado que mi cara se enrojecía, porque añadió rápidamente: —Claro que tú podrías haberlo hecho tan bien.

—Gracias —le dije, sintiéndome menos incómodo—.

—Reunámonos el mes próximo para analizar la agenda de nuestro primer encuentro con la asamblea de delegados —dijo. Se levantó detrás del escritorio y me estrechó la mano. Me alegré de que nuestra entrevista hubiera terminado.

Al terminar el día, me sentía cada vez más fatigado y apático. Iba atrasado en todas las clases. En la clase de educación física, me vestí, pero me quedé sentado en la banca porque no tenía la energía o la fuerza para hacer los ejercicios. Para colmo de desgracias, no vi a Paul Takagi durante todo el día. Después de las clases me fui directamente a la biblioteca pública para estudiar, pero no pude concentrarme. Seguía preocupado por todas las tareas que tenía pendientes y el poco tiempo que me quedaba para hacerlas. A las cuatro y media me dirigí a casa para recoger a Trampita. Él estaba emocionado porque me ayudaría a limpiar la compañía de gas y no tendría que trabajar en el campo. A cada momento yo me sentaba a descansar. Mientras lo miraba trabajar, me acordaba del tiempo en que lo cuidaba dentro de la Carcachita cuando él era un bebé mientras Papá, Mamá y Roberto pizcaban algodón.

A medida que pasaban los días, no podía mantenerme al día en mis clases. Mis calificaciones del primer semestre bajaron, y también mi ánimo. Abandoné la clase de física. Me puse frustrado y de mal humor.

—A lo mejor Papá tenía razón cuando dijo que él estaba maldito, —le dije un día a Mamá cuando me sentía a punto de darme por vencido—. Quizás yo estoy maldito, también.

—No, mijo, —dijo ella con firmeza—. Tú no debes pensar eso ni siquiera por un segundo. Las cosas se te van a mejorar, debes tener fe. Cuando vio que yo no respondía, continuó: —Acuérdate de Torito.

—¿Qué tiene que ver él? —le pregunté con impaciencia.

—¿Te acuerdas cuando él estaba enfermo? Los doctores pensaron que se iba a morir, pero yo nunca lo creí. Le rezamos al Santo Niño de Atocha durante un año y...

—Él se curó —dije.

—Sí —dijo Mamá, dándome un abrazo—. Ahora ya sabes lo que tienes que hacer.

Empecé a rezar de nuevo de manera regular. Lentamente empecé a recuperarme y al fin de cuatro semanas me sentía mucho mejor. Trampita seguía ayudándome con la compañía de gas y Mike Nevel le dio a limpiar por su cuenta dos lugares: una cafetería y *Pat's Pets*. Esto proveyó a nuestra familia con algunos ingresos extra, los cuales nos hacían mucha falta.

Aunque Paul Takagi y yo no pudimos seguir estudiando juntos en la biblioteca pública después de clases porque él tenía un empleo en la iglesia, yo me las arreglé para mejorar mis notas y desempeñar mis funciones como presidente del estudiantado, las cuales no eran muchas. Me reuní con los representantes estudiantiles ante la asamblea de delegados y traté de involucrarlos a todos en promover el espíritu de interés por la escuela. Aquello a veces era frustrante porque los estudiantes no querían participar en el gobierno estudiantil.

Una pifia

Mi único pesar de haber sido presidente del estudiantado fue el almuerzo que tuve en el Club Rotario en el Santa María Inn.

Después de un encuentro con la asamblea de delegados estudiantiles, el señor Muse me informó que yo había sido invitado a un almuerzo en una reunión del Club Rotario el martes siguiente. Yo no tenía idea de lo que era el Club Rotario, pero me imaginé que era importante porque el señor Muse me dijo que me vistiera de traje y corbata. Esa noche cuando llegué a casa del trabajo les dije a Papá y a Mamá que necesitaba comprar un saco.

—Ese almuerzo nos va a salir caro —dijo Papá, frunciendo el entrecejo—. Los ojos de Mamá se movían de un lado a otro buscando una respuesta.

—¿Cómo dijiste que se llamaba ese club? —preguntó Papá.

—Rotario —le respondí.

—Roto —dijo, divertido—. ¿Cómo puede ser importante si está roto?

—El nombre es Rotario —repetí riéndome—y no roto.

—Podemos comprar un saco en J. C. Penney. No es tan caro —dijo Mamá—. Panchito debería tener un saco. De seguro le va a dar mucho uso.

—¡Sí! —exclamé, apoyando los esfuerzos de Mamá para convencer a Papá.

—Le va a durar mucho tiempo. No creo que él vaya a crecer más —dijo ella, mirándome y sonriendo maliciosamente—. Yo puse mal gesto, fingiendo estar resentido. Ambos nos reímos y miramos a Papá.

—Bueno, si ustedes quieren comprarlo, háganlo —dijo—. Pero tendrá que ser al crédito, lo cual no me gusta nada, pero allá ustedes.

Fui con Mamá a J. C. Penney y me probé varios sacos. Me gustó uno de color azul oscuro, pero cuando revisamos la etiqueta con el precio Mamá y yo nos convencimos de que no me entallaba bien. Finalmente nos decidimos por un saco oscuro a cuadros verdes y cafés que estaba en ganga. Buscamos una corbata que hiciera juego con él y encontramos una que estaba perfecta, pero yo no pude atar el nudo porque no sabía cómo. Terminé comprando una de las que se sujetan con un prensador. También compramos una camisa blanca. La mañana del martes, cuando me puse mi nuevo traje, Papá me dijo que me veía importante.

Al concluir la última clase antes del almuerzo, fui a la oficina del señor Muse. Íbamos a encontrarnos ahí para irnos después al almuerzo del Club Rotario en el Santa María Inn, el cual se encontraba al frente de la escuela secundaria.

—Te ves muy bien —me dijo el señor Muse cuando entré en su oficina.

—Gracias —le respondí, fijándome en su elegante traje azul oscuro—. Observé que su corbata no era de prensar y me pregunté cómo haría para anudársela.

—¿Qué es el Club Rotario? —le pregunté, recordando el comentario de Papá, y riéndome dentro de mí.

—Es un club internacional para profesionales y gente de negocios, como el alcalde de Santa María y el presidente del *Bank of America,* —respondió. La idea de almorzar con tanta gente importante me ponía nervioso. Cuando nos acercamos al motel, me fijé que había muchas flores, arbustos y helechos alrededor de todo el edificio. El señor Muse se abotonó su saco cuando entramos. Yo también me abotoné el mío. El *lobby* estaba lleno de hombres vestidos de saco o chaquetas deportivas. Estaban de pie y formaban pequeños grupos. Bebían, hablaban y se reían. El ruido acrecentaba a medida que llegaban más hombres. El señor Muse se disculpó y se fue a saludar a un amigo. Metí las manos en los bolsillos de mi pantalón y caminé alrededor del lugar, admirando las ventanas de vidrio coloreado y las pinturas en las cálidas paredes de madera.

Luego salí al patio. Estaba lleno de sol y de sombra. El apacible sonido del agua cayendo en una cascada dentro de una fuente me hizo recordar el arroyo que corría detrás de nuestra cabaña en el campamento algodonero para trabajadores en Corcorán. Regresé al *lobby* y busqué al señor Muse. Lo encontré al fin solo, de pie y con los brazos cruzados. Me le acerqué y me paré junto a él. —Nos van a llamar muy pronto —dijo, mirando alrededor del cuarto—. Entonces, de en medio de la multitud, surgió de repente un hombre bajo y regordete, que hacía sonar un cencerro.

—¡Hora de comer! —gritó—. Si ustedes no están en el comedor antes de que yo cuente hasta diez, tendrán que pagar una multa. El aire se llenó de risas y carcajadas. Los hombres corrieron hacia el comedor como un rebaño. El señor Muse y yo hicimos fila detrás de ellos. —¡Uno... diez! —gritó el hombre con el cencerro en la cara del señor Muse—.

—Eso no es justo. Tú no contaste hasta diez —dijo el señor Muse, riéndose y enrojeciendo como un tomate—.

—Y tú me debes dos dólares —gritó el hombre—. ¡Uno por llegar tarde y el otro por replicarme! El señor Muse sacó su cartera y le dio los dos dólares. El hombre recorrió el comedor inventando razones para multar a la gente. A todo el mundo le parecía que aquello era divertido, pero yo no pude entenderlo. Yo pensaba que la gente importante era más cortés y respetuosa.

El señor Muse y yo nos sentamos a la mesa junto a dos hombres que hablaban de negocios. El señor Muse escuchaba y ocasionalmente ofrecía algún breve comentario. De vez en cuando me lanzaba una mirada y sonreía. Yo le devolvía la sonrisa con cierto nerviosismo. Me fijé en los cubiertos de la mesa y me sentí confuso al ver dos tenedores, uno de los cuales era más pequeño que el otro. Esperé a que el señor Muse empezara. Él tomó el tenedor pequeño. Hice lo mismo. Yo imitaba todos los movimientos que él hacía, tratando de que no lo notara. Cuando sirvieron el postre, respiré con alivio. Sabía que el almuerzo estaba a punto de terminar. Miré hacia el patio por la ventana del comedor y vi a un hombre que estaba de rodillas, arrancando las malas hierbas. Su cara era oscura y estaba curtida por la intemperie. Me recordó a Papá. Sentí un nudo en la garganta. El tintineo del cencerro hizo retornar mi atención hacia lo que pasaba adentro. La atención de todo mundo se dirigió a un hombre que estaba detrás del podio y que se identificó como presidente del Club Rotario. Después de hacer una interminable serie de anuncios, él dio la bienvenida a los miembros visitantes del Club Rotario que procedían de otras ciudades y empezó a presentar a los huéspedes invitados, los cuales se ponían de pie a medida que sus nombres eran mencionados. En el instante en que oí mi nombre me levanté de un salto y, antes de que terminara de presentarme, me volví a sentar.

—Él es presidente del estudiantado de Santa María High School. Ven acá, Frankie —dijo él, indicándome con la mano que me aproximara al podio—. Dinos algo acerca de tu escuela. Yo estaba angustiado, aterrado. No sabía que tenía que hablar. Me quedé petrificado en mi asiento, deseando haber oído mal.

—Anda —me dijo el señor Muse, dándome un leve empujón—. Me acerqué caminando lentamente, me paré detrás del podio y me agarré de él. Me sentía mareado. De repente sentí dolor de estómago. Podía oír mi corazón latir con violencia mientras contemplaba al público. No pude recordar nada. Podía oír mi propio silencio. Sentía mi cara arder y mis piernas temblaban incontrolablemente. Las palabras empezaron a salir lentamente de mi boca pero yo no ejercía control sobre ellas. Las palabras españolas se entretejían con las palabras inglesas como formando trenzas. Me di cuenta de que lo que decía no tenía ningún sentido cuando vi al señor Muse frunciendo el entrecejo y mirándome asombrado como si estuviera viendo un animal de dos cabezas. Al final me las arreglé para dejar de balbucir, dije algo sobre el gobierno estudiantil, y me di prisa a mi asiento. En ese momento yo deseaba desaparecer.

—Lo siento, señor Muse —le dije mientras caminábamos de regreso a la escuela—. Estaba demasiado nervioso, pero...

—Realmente lo estabas —dijo él, interrumpiéndome.

—Pero yo no sabía que iba a tener que hablar

—respondí, tratando de justificar mi vergonzosa presentación.

—Yo tampoco lo sabía —dijo él en tono de disculpa—. No te preocupes por eso. Olvídalo.

Traté de olvidarlo, pero no podía. Cada vez que recordaba esa experiencia me sentía enojado con el presidente del Club Rotario. "Él debió habérmelo dicho con anticipación", pensaba yo. Soñaba a menudo con ese sofocante almuerzo y cada vez que lo hacía me alegraba al despertarme. En uno de mis sueños di la charla totalmente en español. Resultó clara y muy fluida. Esa vez sentí pesar de despertarme.

Un avance

A l comienzo del segundo semestre de mi último año de la escuela secundaria, muchos de mis amigos escolares estaban emocionados por ir a la universidad. Hablaban de eso en la biblioteca, en la cafetería y en el salón de estudio libre. Algunos irían a la Universidad de California en Santa Bárbara, o UCLA. Otros ingresaron al Fresno State, pero estaban esperando para ver si los aceptaban en Berkeley. Yo no compartía el entusiasmo que ellos sentían. Tenía que quedarme en casa y seguir ayudando a mi familia. Siempre que me preguntaban a qué universidad tenía planeado asistir yo les decía que al Cal Poly de San Luis Obispo. No les decía cuándo porque yo mismo no lo sabía.

Un día miércoles, el 17 de febrero, fui llamado para entrevistarme con el señor Robert Penney, uno de los consejeros. En cuanto entré en su oficina, pequeña y limpia, él se puso de pie detrás de su escritorio y se me presentó. Era un hombre alto y delgado con escasos cabellos negros, frente ancha, grandes ojos azules y dientes perfectamente blancos.

—Acompáñame a la cafetería —me dijo, recogiendo una carpeta—. Yo lo seguí, tratando de no quedarme atrás, ya que él avanzaba con largos y rápidos pasos. —¿Quieres café? —me preguntó mientras se servía una taza—.

—No gracias, no tomo café.

—Haces bien —me respondió. Tomó varios sorbos, rellenó su taza, se dio la vuelta y se dirigió al estacionamiento. —Sígueme —me dijo. "Esto es extraño", pensé. Se encaminó a un microbús Volkswagen blanco, lo abrió con llave y me pidió que subiera. Encendió el motor y tomó una pipa que estaba en el tablero, la llenó con tabaco fresco y la prendió. —Tengo que hacer algunos mandados —dijo— entregándome la carpeta—. —Podemos hablar en el camino. Espero que eso no te moleste. Metió el cambio del vehículo, arrancó y avanzamos sobre la calle Broadway.

—Claro que no —dije—. En realidad yo no tenía idea de lo que él tenía en mente.

—¿A qué universidades has solicitado? —me preguntó, mientras aparcaba frente al *Bank of America*.

—A ninguna.

—Estás bromeando. Dio una chupada a su gruesa pipa negra y la puso encima del cenicero.

—No, hablo en serio —dije tristemente, mirando por la ventana—. No puedo pagar el coste.

—Seguro que puedes —me aseguró—. Tengo unas cuantas solicitudes de becas para que las llenes. Están en esta carpeta. Échales un vistazo. Voy a entrar al banco. Pronto regreso.

Abrí la carpeta y hojeé el legajo de solicitudes: la beca del *Madrinas Club*, la del Banco de América, la del Club de Leones, la del Valle de Santa María. Tragué saliva cuando vi una que era del Club Rotario. La extraje del montón y la puse debajo de todas. Seguí revisándolas hasta que regresó el señor Penney.

—Consulté con tu antiguo consejero, el señor Kinkade —dijo deslizándose hacia el asiento del conductor—. Coincidimos en que tú tienes una excelente probabilidad de obtener algunas de esas becas. Ahora, hablemos acerca de las universidades. Al llegar a ese punto, yo quise explicarle al señor Penney la situación en mi casa, pero él seguía hablando. No lo interrumpí porque yo sabía que eso era una falta de educación. —El plazo de algunas solicitudes ya pasó, pero verificaré eso cuando regresemos a mi oficina. También tendrás que someterte al examen SAT. Yo te inscribí ya para que lo tomes. Hizo una breve pausa, se rió y añadió: —¡Tienes mucho trabajo por delante!—. En ese momento, me sentí cansado y desanimado. Él me miró de soslayo y dijo: —¿Qué pasa? Parece que no estás contento.

—Yo le agradezco su ayuda —le dije—. Pero aunque consiguiera todas esas becas, aún no podría ir a la universidad. Mi familia me necesita.

—Sé que tu familia te echará de menos —dijo, en un tono de simpatía—.

—No; lo que quiero decir es que tengo que mantenerlos —le dije—. El señor Penney se mostró sorprendido y confuso. Yo me sentía incómodo revelándole mi situación familiar, porque Papá nos había enseñado a mantener en privado nuestra vida familiar, pero pensé que él necesitaba saberla. Después de todo, estaba haciendo grandes esfuerzos para ayudarme. Terminé de contarle mi historia cuando regresamos a su oficina.

—No tenía la menor idea... esto es muy inusual —dijo, rascándose la frente con el mango de su pipa—. Pero estoy seguro de que podemos encontrar una salida. Él canceló su siguiente cita y escribió para mí una nota de excusa por inasistencia para mi siguiente clase, que era historia de California. Recorría la oficina de un lado a otro, sosteniendo la pipa en la palma de su mano izquierda y frotándola con su dedo gordo. —¿Y tu hermano menor, el que, según me dices, te ayuda a veces en tu trabajo, cómo se llama?

—José Francisco, pero le llamamos Trampita.

—¿No podría Trompita hacerse cargo de tu empleo? —me preguntó, pronunciando mal el apodo de mi hermano—.

—¡No se me había ocurrido eso! —exclamé—. Pienso que Trampita podría hacerlo. Él me ha estado ayudando mucho y le cae bien a Mike Nevel.

—¿Quién es Mike Nevel?

—Mi jefe, el dueño de la *Santa María Window Cleaners*. Necesito preguntarle—. Entonces recordé que también tendría que preguntarle a Papá. Mi entusiasmo se apagó lentamente. ¿Quién sabría lo que iba a decir Papá? —Tengo que discutir la idea con mi familia y obtener el permiso de mi padre, —dije—. Eso no va a ser fácil.

—Yo con mucho gusto hablaría con tu padre —respondió.

—Él no habla inglés —dije—. ¿Usted habla español?

—No, no lo hablo. Mira, habla con tu familia acerca de esto. Mientras tanto, llévate estas solicitudes, llénalas y trácmelas el próximo lunes.

Esa tarde me fui a trabajar emocionado y esperanzado. Terminé de limpiar la compañía de gas y me dirigí a casa, alegre pero ansioso. "Ojalá que Papá esté de buen humor", pensé. Al entrar a la casa, Mamá me saludó y calentó la comida para mí. —Necesito hablar con usted y con Papá, —le dije, haciendo a un lado mi plato—. ¿Está Trampita despierto? Tengo que hablar con él, también.

—¿Pasa algo malo, mijo? —preguntó Mamá.

—No; es que necesito el permiso de ustedes para algo —le dije.

—¿Te vas a casar? —dijo Mamá bromeando—. Nos reímos. Papá salió de su cuarto.

—¿Por qué tanto ruido? —rezongó.

—Panchito tiene algo que pedirnos —dijo ella alegremente—. Iré a traer a Trampita. Él y Torito se acaban de acostar.

Papá se sentó junto a la mesa de la cocina, encendió un cigarrillo y me pidió que le llevara un vaso de agua con dos aspirinas. Comprendí que su estado de ánimo no estaba a mi favor. Mamá regresó con Trampita. Mi hermano se sentó a la mesa a mi lado, de frente a Papá y a Mamá.

Papá inhaló el humo de su cigarrillo y se quedó mirando fijamente su mano derecha mutilada. —Muy bien, ¿de qué se trata? —dijo bruscamente, rompiendo el silencio—.

Enganché mis pies en las patas de la silla, entrelacé las manos debajo de la mesa y empecé a contarle a Papá el plan que el señor Penney y yo habíamos discutido. Yo evitaba los ojos de Papá mientras hablaba y me concentraba en la sonrisa de Mamá. Cuando terminé, Papá rezongó: —Hay que pensarlo—. Se mordió el labio inferior e hizo su cuerpo hacia un lado, alejándose de mí.

—Yo puedo hacerlo —dijo Trampita, con orgullo.

—Es una oportunidad maravillosa —dijo Mamá.

—¿Qué no oyeron? —gritó Papá—. ¡Dije que tenemos que pensarlo!

La sangre se me subió a la cabeza. Mis nudillos se pusieron blancos y me dolían, al igual que la mandíbula. La ira se apoderó de mí, y no pude resistírme. —¿Pensar en qué? —exclamé con fuerza—. ¡Es mi única oportunidad!

—¿Tu oportunidad? —vociferó Papá—. Su mirada me penetraba. Su labio inferior sangraba mientras él lo mordía. —Es tu oportunidad de callarte. ¡Eres un malcriado! ¿Acaso en la escuela no te enseñaron a respetar, ah?

Trampita se disculpó y corrió a refugiarse a su cuarto. Mamá me indicó que me detuviera, pero yo no pude.

—¡Es mi única oportunidad! —repetí, tratando de contener las lágrimas—.

Papá hizo una mueca de dolor al ponerse de pie. Su cara estaba blanca como la de un fantasma. —Cállate la boca, Pancho, o te la hago pedazos —dijo temblando.

—Por favor, viejo —dijo Mamá, acercándosele.

—¡Tú no te metas en esto! —gritó, empujándola hacia un lado. Levantó la mano, amenazando con golpearla.

—¡No lo haga! ¡Déjela en paz! —grité instintivamente. Mi ira se convirtió en miedo. Papá se volteó y me abofeteó a un lado de la cara con el dorso de su mano derecha. Yo estaba aturdido. Sentía como si mi cara estuviera ardiendo.

—¡Deténgase, por el amor de Dios! —clamó Mamá, dirigiéndose a Papá.

Papá me echó una mirada adolorida, se fue cojeando a su cuarto y cerró la puerta. Yo apoyé mi cabeza sobre la mesa y lloré. Mamá se sentó junto a mí y puso su brazo alrededor de mis hombros.

—¿Estás bien, Panchito?

Yo asentí con la cabeza. —¿Por qué él no puede entender? —dije, limpiándome las lágrimas y la mocosa nariz con las mangas de la camisa.

—Él sí entiende, mijo, pero no quiere perderte a ti también—. Las lágrimas corrían por sus mejillas. —Tu Papá quiere que la familia se mantenga unida. Él no quiere que sus hijos se vayan. Primero se fue Roberto cuando se casó. Ahora, si tú vas a la universidad, te marcharás también. Eso le duele. Le duele también no poder mantener a la familia. Su sueño de ganar y de ahorrar suficiente dinero y eventualmente regresar a México con todos nosotros se ha esfumado.

—Creo que entiendo, Mamá. ¡Pero yo quiero realizar mi propio sueño!

—Sé lo que quieres decir, mijo —dijo ella, acariciando el dorso de mi cabeza—. Ten fe en Dios. Le hablaré a tu papá mañana, cuando se sienta mejor. Recuerda que él no dijo que no. Esa es una buena señal. Ahora sal afuera a tomar un poco de aire fresco y luego te acuestas. Necesitas descansar.

Salí de la casa y contemplé las estrellas. Sentía un dolor en el pecho. Esa noche no dormí, y tampoco Mamá. La estuve oyendo rezar durante un largo rato.

La mañana del viernes tuve muchas dificultades para levantarme de la cama. Me sentía cansado y deprimido. No desayuné, y me fui a trabajar en un estado de aturdimiento. El golpecito seco de las máquinas telegráficas en *Western Union* parecía remoto. Asistí a una clase tras otra, sin prestar atención a nada de lo que se dijera o se debatiera. Después de clases, me fui a la biblioteca pública, pero no pude concentrarme en mis tareas. Pensaba en la noche anterior y deseaba que nunca hubiera ocurrido. Di una caminata alrededor de los jardines de la biblioteca, tratando de determinar lo que debía hacer. Pensaba en Papá y me sentía culpable. Quizás yo era egoísta. Quizás no era justo con mi familia, especialmente con Trampita. Regresé a la biblioteca, recogí mis libros y me fui a la compañía de gas. Mientras quitaba el polvo y barría los pisos, seguía pensando en lo cansado y aburrido que estaba de trabajar para la *Santa María Window Cleaners* día tras día. No quería seguir haciendo eso por el resto de mi vida.

Llegué tarde a la casa esa noche, esperando encontrar a todos dormidos. Para mi sorpresa, Mamá estaba sentada en las gradas del frente, esperándome. Apenas me había bajado del carro cuando ella se me acercó corriendo y me abrazó. —¡Mijo, te tengo buenas noticias! —dijo emocionada—. ¡Tu papá ha dado su aprobación!

—¿De veras? —exclamé—. ¿Dónde está Papá?

—En su cuarto, dormido. Él tuvo un día muy duro.

—¡Lo lograste, Mamá! ¡Lo lograste! ¡Gracias! —le dije, saltando frenéticamente.

—Gracias a Dios y al maestro Osterveen —dijo ella.

—¿El señor Osterveen, el profesor de español? —le dije, perplejo.

—Él vino esta tarde y habló con tu papá y conmigo.

Dijo que tu consejero... —Mamá vaciló, tratando de recordar su nombre—.

—El señor Penney —dije.

—Sí, el señor Penney. Qué nombre más extraño... ¿Por qué le pondrían de nombre Centavo? Bueno, sea como sea, él le pidió al señor Osterveen que hablara con nosotros... Es buena gente. No podíamos creer que una persona importante como él viniera a visitarnos. Él y Papá hablaron sobre México. Su esposa es de Oaxaca, tú sabes, y él vivió ahí por muchos años. Él habló y habló sobre la universidad y de ti. Habló como perico. Papá y yo no entendimos mucho de lo que dijo sobre la universidad, pero nos sentimos orgullosos de todas las cosas buenas que dijo acerca de ti.

Entramos calladamente en la casa. —Creo que oí toser a tu Papá. Puede ser que esté despierto —dijo Mamá. Abrí la puerta de su cuarto lentamente y me asomé. Él estaba acostado boca arriba, todavía dormido, con los brazos cruzados sobre el pecho encima de las cobijas. Entré de puntillas, me arrodillé al lado de su cama y lo contemplé. Se veía muy acabado. Le besé suavemente las manos y le di las gracias en voz baja.

Ese fin de semana llené las solicitudes de las becas y se las llevé al señor Penney el lunes por la mañana. Después de agradecerle lo que había hecho para convencer a mi papá, él me dio una mala noticia: era demasiado tarde para solicitar a la mayoría de las universidades, para ese otoño.

—Te sugiero que solicites a la Universidad de Santa Clara, —dijo.

Yo nunca había oído hablar de la Universidad de Santa Clara. El señor Penney debió haber notado mi falta de entusiasmo, porque añadió rápidamente: —Te va a gustar. Se parece mucho a Loyola, mi *alma mater.*

—¿Su *alma mater?* —le pregunté, ignorando lo que eso significaba.

—La universidad a la que fui en Los Ángeles —respondió—. Santa Clara es pequeña como Loyola. Tiene una buena reputación académica.

—¿Más pequeña que Cal Poly? —le pregunté.

—Mucho más pequeña. Ahí no te sentirás perdido. Es una pequeña institución católica.

El hecho de que fuera católica me atrajo. Sabía que a Mamá también eso le iba a gustar. —¿Dónde queda? —le pregunté.

—Al norte, cerca de San José. Está a sólo 250 millas de aquí, así que tendrás la oportunidad de venir a casa en los días feriados —dijo. Yo me sentía definitivamente interesado. No quería estar lejos de mi familia en caso de que ellos me necesitaran.

—¿Podré encontrar ahí un trabajo para mí? —le pregunté, pensando que le podría ayudar a mi familia.

—Ya veo a lo que vas con eso —dijo sonriendo—. Claro, pero vas a necesitar concentrarte en tus estudios. No tendrás tiempo para trabajar y para involucrarte en actividades extracurriculares, como lo has hecho aquí. El señor Penney tomó su pipa, la llenó con el tabaco de un saquito y la encendió. El aire se llenó con el olor de cereza dulce. —¿Estás interesado en solicitar? —me preguntó, entregándome la solicitud.

—¡Sí! —dije con entusiasmo.

—¡Bien! Eso fue lo que pensé—. Los ojos le brillaban.

Le eché un vitazo a la solicitud. Se me fue el alma a los pies cuando vi que el plazo para entregarla ya había pasado.

—No te preocupes por el plazo —dijo él, notando mi desilusión—. Llamé a Santa Clara esta mañana y le pedí a mi amigo en la oficina de admisiones que te concediera una extensión. Suspiré con alivio. El señor Penney se rió y dio una chupada a su pipa. Salí flotando de aquella oficina, pensando que mi consejero era como el Santo Niño de Atocha, el de las mil maravillas.

La mañana del sábado ocho de marzo tomé el SAT en Cal Poly. La noche anterior dormité mucho porque pensaba en el examen. Cuando finalmente logré dormir bien, soñé que estaba encerando los pisos en la compañía de gas. Me la pasaba mirando el reloj de la pared porque no quería llegar tarde al examen. Cuando llegó la hora de irme, no pude moverme. Mis pies estaban pegados al piso. Dejé caer el trapeador y traté de extender las manos para agarrarme de un escritorio, pero no pude levantar los brazos. Sentía que me pesaban como plomo. Miré por la ventana y vi a Papá pizcando fresas. Le grité pidiendo ayuda, pero él no pudo oírme. Me desperté empapado en sudor. Mi corazón latía rápidamente. No pude volver a dormir, así que me levanté y me fui a la *Western Union*. Después que terminé de limpiarla, me apresuré a llegar a Cal Poly para tomar el examen.

El examen constaba de tres partes: dos de inglés y una de matemáticas. Habría preferido que fuera una de inglés y dos de matemáticas, pero la suerte no estaba a mi favor. Cuando supe que mis puntuaciones combinadas estaban un poco debajo de novecientos, habiendo salido mejor en matemáticas que en inglés, me sentí defraudado, pero sentí después alivio cuando el señor Penney me dijo que mis resultados eran mejores que los que él había esperado.

El día de la graduación

El día en que recibí la carta de la Universidad de Santa Clara notificándome que había sido aceptado me sentí tan emocionado como el día en que mis padres regresaron de México después de que habíamos sido deportados. Leí la carta una y otra vez para mí mismo y a mi familia.

Mi emoción, sin embargo, se convirtió en preocupación cuando vi que el precio de los estudios para el primer año era de dos mil dólares. No se lo conté a mis padres porque no quería que ellos se preocuparan también. Le llevé la carta al señor Penney y le di las gracias por ayudarme a ingresar a la universidad.

—No me agradezcas; lo lograste gracias a tu propio esfuerzo —me dijo.

—Sí, pero...

—Ningún pero —me interrumpió—. Trabajaste duro. Así que no me debes nada.

Yo no estaba de acuerdo con él, pero no insistí. Sabía que el señor Penney se sentía incómodo siempre que le daba las gracias. Entonces le mencioné el alto coste.

—No hay motivo para preocuparse. Para eso recibirás becas —dijo, lleno de confianza.

—¿Dos mil dólares? —dije preocupado.

El señor Penney dio una chupada a su pipa y la colocó en el cenicero. Echó una mirada por la ventana y dijo: —Lamentablemente, solicitaste a la Universidad de Santa Clara demasiado tarde para recibir ayuda financiera pero, con un poco de suerte, las becas que recibirás de las organizaciones locales cubrirán tus gastos durante el primer año.

—¿Y qué pasa si las becas no los cubren? —le dije, sintiéndome ansioso.

—Tú puedes pedir prestado el resto al gobierno federal —me dijo, entregándome una solicitud del *National Defense Student Loan*—. Sus préstamos los hacen con bajas tasas de interés y si te dedicas a la enseñanza te perdonarán el diez por ciento del préstamo por cada año que trabajes enseñando, hasta un máximo del cincuenta por ciento.

—Yo quiero ser maestro —le dije—, pero a mis padres no les va a gustar la idea de que yo tome dinero prestado.

—El préstamo será tuyo y no de ellos, y no vas a empezar a pagar hasta que hayas encontrado un trabajo en la enseñanza.

Todo aquello sonaba bien, pero aún así me sentía inquieto. Papá decía que tomar dinero prestado era como estar esclavizado. Él nos contó acerca de un hacendado que usaba la tienda de raya para mantener a mi abuelito y a otros campesinos endeudados de por vida. Sin embargo, yo confiaba en el señor Penney y asentí a solicitar el préstamo.

—¿Cuánto cree usted que debería solicitar? —le pregunté.

El señor Penney tomó su pipa, la golpeó levemente contra el cenicero y puso los ojos en blanco, buscando la cifra correcta. —¿Por qué no solicitas mil dólares? —me dijo—, deteniendo el movimiento de su pipa y lanzándome una mirada.

Yo tragué saliva y miré al señor Penney, quien estaba esperando una respuesta. Bajé los ojos y noté una mancha sobre la alfombra. "Tendría que limpiar pisos durante mil horas para ganarme mil dólares", pensé. Levanté la mirada hacia el señor Penney y le dije: —Es un dineral, pero vale la pena.

—Bien pensado.

Me llevé la solicitud a la casa y empecé a llenarla sobre la mesa de la cocina. Cuando llegué a la línea donde preguntaban el lugar de nacimiento sentí repentinamente el mismo miedo sofocante que había sentido por muchos años de que me agarrara la migra. Oía resonar en mi mente la voz de Papá: "Tú no puedes decirle a nadie que naciste en México. No puedes confiar en nadie, ni siquiera en tus mejores amigos. Si ellos se enteran, te van a denunciar". "Pero yo estoy aquí legalmente", pensé. "Tengo mi tarjeta verde". Dejé esa línea en blanco y seguí llenando la solicitud. Cuando terminé, revisé para estar seguro de que no tuviera errores, la doblé, la metí dentro del sobre y me fui a acostar. Me costó bastante trabajo quedarme dormido. Me la pasé oyendo la voz de Papá y reviviendo las aterradoras redadas que hacían las patrullas de inmigración en *Tent City* y en Corcorán. A la mañana siguiente completé la solicitud en el trabajo. Donde se preguntaba el lugar de nacimiento escribí Colton, California.

Después de haber entregado las solicitudes para la beca y el préstamo de la NDSL, me apresuraba siempre en llegar a casa después del trabajo para revisar el correo. Al entrar a la casa, le preguntaba a Mamá: "¿Me llegó alguna correspondencia?" "No, mijo, por el momento nada", decía ella. A medida que los días pasaban, ella optó por recibirme en la puerta y antes de que yo pudiera preguntarle nada, me imitaba diciendo "¿Me llegó alguna correspondencia?" Luego se sonreía y cuando la respuesta era no, trataba de animarme. "Necesitas ser más paciente, Panchito" me decía. "Ya vendrá. He estado rezando por eso". Sus palabras me reconfortaban, pero yo no podía dejar de preocuparme. Me acordaba del señor Penney diciendo: "Con tu récord escolar, no tendrás ningún problema para obtener becas". Yo calculé que mi promedio de notas era de 3.77 y rezaba con la esperanza de que mi consejero tuviera razón.

La buena noticia me llegó el primero de junio de 1962. Llegué del trabajo esa noche a mi casa y encontré a Mamá esperándome en las gradas de la entrada, agitando en la mano un sobre blanco. Estaba tan ansioso de recibir la correspondencia que tropecé accidentalmente con uno de los perros callejeros que me siguieron al salir del carro. —Tienes correo, mijo —dijo Mamá, sonriendo de oreja a oreja—. Le arrebaté el sobre de las manos y lo abrí rompiéndolo. La carta era del señor Paul Rosendahl, director de orientación y presidente de becas de Santa María High School. —¿Qué dice? —preguntó Mamá emocionada. Yo revisé rápidamente la carta y empecé a saltar arriba y abajo.

—¡Me dieron la Beca Alegría de trescientos cincuenta dólares; la del Club Kiwanis de doscientos cincuenta; la del Club de Leones de doscientos y la del Club Madrinas de doscientos! —exclamé.

—¡Gracias a Dios! —dijo Mamá, retorciéndose las manos y dirigiendo los ojos al cielo. Ella me dio un abrazo fuerte y me empujó suavemente hacia el interior de la casa. Nuestra excitación había despertado a Papá. Él salió de su cuarto y se sentó lentamente ante la mesa de la cocina.

—¿Qué escándalo es éste? —preguntó. Trampita, Torito, Rorra y Rubén salieron todos corriendo a ver de qué se trataba.

—¡Panchito recibió dinero para la escuela! —gritó Mamá, casi sin aliento—. Cuéntales, mijo, cuéntales.

—Me dieron mil dólares para la universidad —dije emocionadamente.

—Vale la pena trabajar duro, mijo —dijo Papá, encendiendo un cigarrillo Camel.

—Déjame ver el dinero —dijo Rorra, jalándome del brazo izquierdo.

—Me lo mandarán cuando esté en la universidad —le dije, riéndome.

—Sí, cuando él *se vaya de aquí* para entrar a la universidad —profirió Papá cansadamente. Sus ojos se humedecieron.

—Bueno, todos a la cama. Ya es tarde —dijo Mamá—. Papá necesita descansar, así que esténse quietos. Ella se fue caminando detrás de mis hermanos para asegurarse de que volvieran a acostarse. Papá hizo un gesto de dolor al levantarse de la silla y regresar, arrastrando los pies, a su cuarto. Tenía una mirada muy triste.

Al día siguiente, recibí por correo otra buena noticia. Frank Schneider, director de ayuda financiera en la Universidad de Santa Clara, me notificaba que mi solicitud para el *National Defense Student Loan* había sido aprobada. Ahora tenía suficiente dinero para mi primer año en la universidad.

El año escolar estaba a punto de terminar y, por primera vez en mi vida, eso no me ponía triste. Esperaba ansiosamente el día de la graduación.

La ceremonia se celebró el jueves, siete de junio, a las ocho de la noche en el Gimnasio Wilson. A las cinco de la tarde de ese día, Roberto, Trampita, Torito y yo nos pusimos a trabajar en equipo y empezamos a limpiar la compañía de gas inmediatamente después que cerró. A las seis y media me fui a casa en el carro para alistarme y recoger a mis padres. Mis hermanos se quedaron atrás para terminar la limpieza. Ellos saldrían después del trabajo, pasarían por Darlene, Rorra y Rubén, y se irían directamente al gimnasio. Yo estaba emocionado y nervioso. A mí me tocaba dirigir el saludo a la bandera y dar la bienvenida en las ceremonias de graduación. Me sentía orgulloso y tenía la esperanza de que mis padres asistieran, pero no estaba seguro de ello.

Recordé que ninguno de ellos había asistido a la graduación de Roberto en la escuela secundaria. Ese día Papá se quejó de un terrible dolor de cabeza y de su espalda, e insistió en que Mamá se quedara en casa para que lo cuidara a él y a los niños. Mi hermano se sintió resentido, pero dijo que comprendía. Con motivo de la graduación,

Papá le dio a él un viejo anillo que había pertenecido a mi abuelito. Roberto llevaba ese anillo con orgullo. Pienso que ese anillo significaba tanto para él como lo que significaba para mí la medalla de San Cristóbal.

No quería darles a mis padres la opción de decir no, de manera que, apenas entré a la casa, les dije: —¿Están ya listos? Tenemos que estar allá a las siete y media. Papá y Mamá estaban sentados ante la mesa de la cocina conversando. Antes de que tuvieran tiempo de decir nada, me fui al tejabán, me di un baño frío y rápido en la tina de aluminio y me vestí. Cuando salí, Mamá estaba alistándose, pero Papá no.

—Tráeme un par de aspirinas, mijo. El dolor de cabeza me está matando —dijo, cubriéndose la cabeza con ambas manos.

Le llevé tres aspirinas y un vaso con agua. —Aquí tiene —le dije—. Su dolor de cabeza se le va a pasar en un instante. Cuando lleguemos allá se va a sentir perfectamente bien.

—Creo que no podré ir, Panchito —dijo, frotándose la nuca—. No me siento bien. Además, yo no sé hablar inglés; no conozco ahí a nadie y...

—Usted no va ser el único ahí que no hable o que no entienda el inglés —le dije. Papá se veía molesto de que yo lo hubiera interrumpido. Me echó una mirada de enojo. Suavicé la voz y le supliqué: —Por favor Papá, esto significa mucho para mí. Papá agachó la cabeza y se quedó pensando por un momento.

—¿Qué ropa llevo? —preguntó.

—Puede llevar mi camisa blanca y mi corbata —dije alegremente, al ver que él iba cediendo.

Mamá debió habernos oído, porque le llevó a Papá la camisa blanca y la corbata que yo había llevado al almuerzo en el Club Rotario. Papá sonrió forzadamente y se levantó lentamente de la mesa. —Venga aquí, viejo, déjeme ayudarle —dijo ella, desabotonando la camisa de Papá y ayudándole a quitársela. Mientras Mamá le ayudaba a ponerse la camisa blanca, yo me puse la toga de graduación y mi banda de seda blanca de la *California Scholarship Federation*. —Pareces un cura —dijo Papá, riéndose.

—Él sería un buen cura —dijo Mamá.

La camisa era un poco grande para Papá. Lo hacía verse más delgado y las ojeras se le resaltaban aún más. Después lo ayudé a ponerse la corbata. —Esto es un babero —dijo Papá.

—No, es una corbata —dijo Mamá, riéndose.

—Me hace parecer importante —dijo él.

—Usted es importante, viejo —respondió Mamá. Papá la miró y sonrió.

Era la primera vez que yo lo había visto ponerse camisa y corbata. A mí me parecía extraño, pero guapo. Miré el reloj. Se estaba haciendo tarde y Papá no se había cambiado aún los pantalones ni los zapatos.

—Vete tú adelante, mijo —dijo Papá, notando mi nerviosismo—. No nos esperes; la vieja y yo nos iremos con Joe y Espy.

—No, yo los voy a esperar.

—Tú no puedes llegar tarde —dijo él con firmeza—. Ya vete.

Yo no quería irme sin ellos. Temía que Papá cambiara de idea después de que yo me fuera. —Esperaré —respondí.

—¡Vete, te digo! —replicó Papá gritando. Yo lo había fastidiado con mi insistencia. Mi mirada se cruzó con la de Mamá, y ella me indicó que no discutiera.

—Vete adelante, mijo, haz lo que tu papá dice —dijo ella—. Nosotros te encontraremos allá.

Tomé mi caperuza y salí, sin saber si Papá iba a asistir o no. Llegué al gimnasio unos cuantos minutos antes de la procesión. Me adelanté al frente de la fila para unirme a mis compañeros de clase que habían obtenido también el reconocimiento de la *California Scholarship Federation* cada semestre durante cuatro años. Avanzamos marchando por el centro del pasillo, flanqueado a ambos lados por filas de asientos reservados para nuestra clase de graduados. Me senté en la fila de enfrente, de cara a una plataforma baja que servía como tarima. Fui presentado después de que el Reverendo Glen Johnson, de la Iglesia Luterana Gloria Dei hizo la invocación y dio la bendición. Subí caminando al podio, sintiéndome nervioso pero lleno de confianza. Escudriñé rápidamente las graderías con la esperanza de ver a mi familia y comencé: —Juro ser fiel a la bandera de los Estados Unidos de América y a la república que representa, una nación al servicio de Dios... con libertad y justicia para todos. Apenas lograba oír mi propia voz, ya que miles de otras voces se unieron y recitaron conmigo. Parecía que entonábamos una plegaria en una iglesia. Al terminar vi a Papá y a Mamá que iban entrando por la puerta al fondo del gimnasio. Papá se apoyaba en el hombro de Mamá. La emoción que me rebozaba hacía latir mi corazón rápidamente. Me contuve, respiré profundamente, sonreí, y di orgullosamente la bienvenida.

La mudanza

Hubo pocos cambios para mi familia y para mí durante el verano después de la graduación. Yo seguí trabajando para la *Santa María Window Cleaners*, ayudándole a Mike Nevel durante el día y haciendo mi trabajo ordinario por las noches y los fines de semana. Trampita trabajaba para Mike Nevel y a menudo me ayudaba por las noches. Torito pizcaba fresas para Ito y Mamá planchaba ropa para familias migrantes, y les cuidaba a sus bebés. Ella también se ocupaba de atender a Rorra, a Rubén y a Papá.

Lo que sí cambió fue el tamaño de la familia de mi hermano. Roberto y Darlene tuvieron una bella nena que llevó alegría y una nueva vida a toda nuestra familia. Mis padres la adoraban. Papá presumía del parecido que tenía la pequeñita Jackie con la familia Jiménez. Mamá naturalmente coincidía con Papá, pero ella insistía en que Jackie se parecía también a la esposa de mi hermano. Trampita,

Torito y yo discutíamos acerca de quién era el tío favorito de Jackie. Nunca lográbamos ponernos de acuerdo, ni siquiera después que logré convencer a Rorra y a Rubén de que se declararan a favor mío.

Durante todo el verano, me la pasé tachando los días en un calendario que colgaba de la pared de la cocina. El calendario tenía una imagen de un fuerte guerrero azteca prestando guardia ante una princesa azteca cuyos ojos estaban cerrados; ambos llevaban trajes pintorescos y emplumados. Una mañana le pregunté a Papá y a Mamá si ellos conocían la historia que servía de base a aquella imagen.

—Más o menos —dijo Papá—. Creo que el guerrero pensaba que la princesa estaba dormida, pero en realidad estaba muerta.

—No, ella no estaba muerta —dijo Mamá—. Ella estaba dormida y el guerrero protegía su sueño. A mí me gustó más la respuesta de Mamá, y me preguntaba qué estaría soñando la princesa. Con cada día que tachaba, mi emoción y mi ansiedad iban creciendo.

El día que tanto había estado esperando finalmente llegó. Fue un domingo de la primera semana de septiembre. Me desperté en la madrugada emocionado por el viaje que haría a Santa Clara. Era la primera vez en mi vida que no me sentía triste de mudarme. Me levanté tranquilamente y fui al tejabán para bañarme en la tina de aluminio. Pronto me bañaría con agua caliente en la universidad, tal como lo hacía durante mis clases de educación física en la escuela secundaria. Cuando terminé de vestirme, Mamá estaba preparando ya el desayuno y el almuerzo que llevaríamos en nuestro viaje. Regresé a mi cuarto y empecé a escoger y a doblar mi ropa, tratando de no perturbar a Torito y Rubén, que estaban dormidos. Ellos dormían juntos en una cama doble cerca de la mía, la cual compartía con Roberto durante el tiempo en que él vivió con nosotros. Mamá entró acompañada de Rorra, y despertó a mis hermanos. —Es hora de levantarse, flojos —dijo jalando de las cobijas con que se cubrían—. Miren, Rorra ya se levantó. Mi hermanita estaba de pie junto a Mamá, presumiéndose. Los muchachos se quejaron, se frotaron los ojos y se taparon con las cobijas. —Levántense, mijos. Tienen que apurarse si quieren ir con nosotros a dejar a Panchito en Santa Clara—. Torito y Rubén se levantaron saltando de la cama.

—Rubén parece un perrito chihuahua en ropa interior —dijo Torito, riéndose y señalando a mi hermano más pequeño. Rubén hizo una mueca y le sacó la lengua a Torito.

—Ándale, malcriado —dijo Mamá, riéndose y pellizcando a Torito en el trasero. Él brincó como un conejo y salió corriendo hacia la cocina. Rubén y Rorra corrieron tras él. Mamá cogió una de mis camisas y empezó a doblarla. Ella estaba tranquila y pensativa hasta que oyó a Papá.

—¡Vieja! ¡Vieja! —gritó desde su cuarto.

—Sí, viejo, ya voy —respondió Mamá, poniendo mi camisa en la caja de cartón. Ella la alisó con la mano derecha y suspiró. —Papá necesita ayuda para vestirse —dijo ella—. Ahorita vuelvo. Rorra se fue siguiéndola como una sombra. Unos cuantos minutos después regresó Mamá llevando un bulto de ropa nueva. Sus ojos le brillaban y sonreía de oreja a oreja.

—¿Qué es esto? —exclamé.

—Te compré alguna ropita nueva —dijo ella emocionada—. Quería sorprenderte, mijo.

—¡Gracias! —le dije. Mis ojos se humedecieron. Mamá trataba de retener las lágrimas mientras me entregaba las ropas: dos pares de pantalones, uno azul marino y uno negro; un par de camisas de manga corta; tres pares de calzoncillos blancos y un par de botas negras y puntiagudas.

—¿Te gustan? —preguntó Mamá esperanzadamente.

—Claro —le dije—, pero...

—¿Qué cómo le hice para comprarla? —dijo ella, anticipándose a mi pregunta—. ¡Ay, Panchito, cómo eres preguntón! Siempre has sido curioso, aun desde que eras chiquito —dijo ella, riéndose—. Eres peor que tu papá. Hizo una pausa, se quedó pensando un momento y agregó: —Bueno, te lo diré. He estado ahorrando un poquito cada semana en el gasto de las provisiones. Pero no te preocupes, mijo, no me costaron mucho; J. C. Penney tuvo una buena promoción.

—Gracias, Mamá —le dije, dándole un abrazo.

En ese momento, Trampita entró en el cuarto. Él acababa de regresar de limpiar la *Western Union* y *Pat's Pets*.

—Gracias, Trampita —le dije—. No podría ir a la universidad si tú no te hubieras hecho cargo de mi trabajo.

—No te sientas mal —dijo él, tratando de animarme—. Yo me quedaré con tu carro. Ahora bien, si tú me das esas *bonitas* botas, estaríamos en paz —agregó.

—¿Qué tienen de malo mis botas? —dije.

—¡Con esas puntas tan finas podrías matar las cucarachas en los rincones! —dijo, riéndose disimuladamente.

Recogí una de las botas y amenacé con tirársela. Él salió huyendo del cuarto, riéndose. Mamá regresó a la cocina para supervisar a mis hermanitos. Yo seguí doblando mis ropas y poniéndolas en la caja de cartón. Al terminar de empacar, le escribí una notita a Trampita para darle las gracias y sorprenderlo. La coloqué debajo de su almohada, junto con mi piedrita de pirita de cobre. Entonces llevé la caja al carro y la cargué en la cajuela. La fría niebla acarició mi rostro. Respiré profundamente y volví a entrar a la casa.

Mamá me agarró del brazo y me llevó a un lado. —Papá está de muy mal humor —susurró—. Él detesta que te vayas. Sé paciente con él como siempre lo has sido.

—No se preocupe, Mamá. Yo comprendo.

Papá estaba sentado ante la mesa de la cocina, fumándose un cigarrillo y mirando hacia el vacío. Una vez más, se veía muy acabado. Sus ojos estaban hinchados y rojos.

Lo saludé y me senté frente a él para desayunar. Me miró y fingió una sonrisa. Mamá estaba de pie junto al fregadero de la cocina lavando platos. Trasladaba el peso de su cuerpo de una pierna a otra constantemente, para aliviar el dolor de sus venas várices hinchadas.

—Ándele, viejo, coma algo —dijo ella, tiernamente. Él se bebió finalmente un vaso de leche y comió un poco de requesón con plátanos. A él le gustaban los productos lácteos porque decía que le ayudaban a aliviar sus dolores de estómago.

Todo el mundo estaba listo para partir. Cerramos la puerta del frente con un candado y nos quedamos afuera junto al carro, esperando que Roberto, Darlene y Jackie llegaran a despedirse. Apenas los vi, sentí que se me hacía un nudo en la garganta. Mi hermano estacionó su carro detrás del nuestro. Sus ojos se enrojecieron y humedecieron al acercarnos el uno al otro. Nos abrazamos sin decir palabra. Cada uno sabía lo que el otro estaba sintiendo.

—Ustedes podrán verse durante las Navidades —dijo Darlene, frotando los anchos hombros de mi hermano con su mano derecha.

—¿Dónde está la nena Jackie? —pregunté, soltando finalmente a mi hermano y limpiándome las lágrimas con el dorso de la mano.

—Está en el asiento trasero del carro, durmiendo —respondió Roberto. Su grueso labio inferior temblaba.

Darlene fue al carro y regresó trayendo en sus brazos a la nena Jackie, envuelta en una cobijita color de rosa.

Le di a la nena un ligero beso y ella abrió los ojos y arrulló. —Éste es tu tío favorito —le dijo Darlene a Jackie—. Di hola. La nena sonrió.

—Vámonos, pues —dijo Papá impaciente. Mamá, Trampita, Rubén y Rorra se metieron al carro. Papá se deslizó lentamente hacia el asiento del pasajero, haciendo muecas de dolor y sosteniéndose de los musculosos brazos de Roberto. Yo me senté en el asiento del conductor, cerré la puerta y manejé, diciendo adiós con la mano. El carro saltaba de arriba a abajo al pegar contra los baches que había en el camino de tierra a la salida del Rancho Bonetti. Una manada de flacos perros callejeros nos siguió, ladrándole a las llantas y despertando a los pocos vecinos que no trabajaban los domingos.

El sol empezaba a salir sobre las colinas cuando dimos la vuelta hacia la East Main Street y nos dirigimos hacia Santa María para tomar la carretera 101. Pocos minutos después, miré por el espejo retrovisor. Mamá se había quedado dormida con su brazo derecho alrededor de Torito, Rubén y Rorra. Fijé mi vista en el largo y derecho camino que atravesaba centenares de verdes campos que se extendían por muchas millas a ambos lados. Parecía una cinta negra sobre una alfombra afelpada. A poca distancia, a mi izquierda, vi a varios hombres y mujeres pizcando fresas de rodillas, y a niños jugando cerca de viejos carros polvorientos aparcados en el borde del campo. Miré a Papá, que hacía muecas de dolor mientras dormitaba sobre el hombro de Trampita. Me sentí triste y luego enojado. Apreté con fuerza el volante y hundí el acelerador. El carro se sacudió y despertó a Papá.

—¡Baja la velocidad, Pancho! —dijo con enojo—. ¿Qué te pasa?

—Nada, Papá, todo está bajo control. Quité el pie del acelerador y presioné ligeramente los frenos.

—Bajo control, tus narices —dijo, agarrándose del tablero.

—Mire, casi estamos ya en Santa María —le dije, tratando de distraerlo.

—Seguro, y pronto estaremos en el cementerio, si sigues manejando así —dijo.

—¿Qué pasa? —dijo Mamá, desepertándose.

—Pregúntale a tu hijo —dijo Papá, fastidiado—. Él cree que estamos en una carrera de carros.

—Me distraje —dije disculpándome.

—Déjame manejar —dijo Trampita—. Tú debes estar demasiado cansado.

—Estoy bien —respondí—. Tú necesitas descansar; tendrás que manejar durante todo el viaje de regreso a Santa María.

Mientras entrábamos a la ciudad de Santa María y pasábamos junto a una casa grande de ladrillos, de dos pisos,

Mamá dijo: —Mira esa casa a tu izquierda. Cada vez que paso por aquí me pregunto cómo sería vivir en ella. De hecho, me pregunto cómo sería vivir en una casa, cualquier casa. Quizás algún día, si Dios quiere.

Papá murmuró algo en voz baja. Mamá agregó rápidamente: —Oh, a mí no me molesta el lugar en que vivimos ahora. Es mejor que los viejos garajes o carpas en que vivíamos antes. Quizás Panchito nos compre una casa cuando salga de la universidad y gane mucho dinero. ¿Verdad, mijo?

—Sí —respondí, tratando de agradar a Mamá. Yo no tenía idea de cuánto ganaban los maestros o de cuánto costaban las casas.

Al pasar junto a Main Street Elementary School me llegaron viejos recuerdos. Era la misma escuela donde me suspendieron en el primer grado porque no sabía suficiente inglés y donde había recibido el primer premio por mi dibujo de una mariposa. Sentía el mismo pesar y alegría que sentí en aquel entonces, a pesar de que habían pasado muchos años. En la esquina de East Main y de Broadway di la vuelta hacia la derecha. A lo largo del camino vi muchas ventanas de tiendas que yo había limpiado para la *Santa María Window Cleaners*. Al acercarnos al Puente de Santa María, recordé el dolor que sentía en el pecho cada vez que, al final de cada verano, cruzábamos este puente en nuestro viaje hacia el norte para pizcar uvas y algodón en Fresno. Pero esta vez sentía emoción, y no tristeza; la misma emoción que había sentido cuando siendo un niño tomé con mi familia el tren hacia el norte desde Guadalajara, cruzamos la frontera y entramos en California.

Aceleré, crucé el puente y me dirigí al norte hacia Santa Clara. Iba a la universidad. Después de haber pasado tantos años, aún seguía mudándome.

Nota del autor

Senderos fronterizos, la continuación de *Cajas de cartón*, es una autobiografía. Abarca los años cruciales de mi vida juvenil, comenzando con mi deportación y la de mi familia de vuelta a México. Basándome fundamentalmente en mis recuerdos, seleccioné aquellos eventos y experiencias más relevantes en mi vida que conformaban un patrón unificado y coherente. Los he narrado en orden cronológico desde la perspectiva del adolescente que era yo en aquel entonces. He utilizado mis poderes de invención y de imaginación para rellenar aquellos detalles que he olvidado debido al paso del tiempo. Así, por ejemplo, cuando no pude recordar las palabras exactas de una conversación, creé el diálogo y agregué algunas descripciones para capturar mis impresiones y reacciones ante los eventos y experiencias particulares que se narran.

Además de confiar en el poder de mi memoria, empleé otros valiosos recursos para escribir mi libro. Entrevisté a diversos miembros de mi familia y examiné documentos y fotos de familiares, incluyendo los papeles de nuestra deportación, los que obtuve a través del Acta de Libertad de Información. También hice uso de mis récords de la escuela secundaria y leí una serie de ejemplares de *The Breeze*, el periódico estudiantil de Santa María, y del *Santa María Times*. También visité el Museo Histórico de Santa María.

Escribí esta continuación para rendir un tributo a mi familia y a mis maestros y para documentar una parte de mi propia historia, pero también —y lo que es más importante— para dar voz a la experiencia de muchos niños y jóvenes que se enfrentan a numerosos obstáculos en sus esfuerzos para "abrirse senderos... para romper el capullo y convertirse en mariposas". La forma en que ellos logran abrirse senderos depende tanto de su valentía, esperanza y talentos recibidos de Dios como del amor, la compasión y generosidad de aquellas personas que se consagran a ayudar a los niños y jóvenes a mejorar sus vidas.

José Francisco
(Trampita) y
Roberto, pizcando
ciruelas en Orosí,
California

Francisco, José Francisco (Trampita) y Roberto
en *Tent City*, Santa María, California

Papá, Trampita y el vecino Don
Pancho en el Rancho Bonetti,
Santa María, California

Roberto y Francisco con
su madre, Joaquina, en
los campos de algodón de
Corcorán

Francisco, estudiante de primer año en
la escuela secundaria de Santa María

Francisco, cantando "Cielito lindo" para los "Escándalos Juveniles" en la escuela secundaria de Santa María

Paul Takagi, tesorero del estudiantado, y Francisco, presidente del estudiantado; escuela secundaria de Santa María